# Inclusão escolar:
# pontos e contrapontos

CIP-BRASIL. CATALOGAÇÃO NA PUBLICAÇÃO
SINDICATO NACIONAL DOS EDITORES DE LIVROS, RJ

M251i

Mantoan, Maria Teresa Eglér
  Inclusão escolar : pontos e contrapontos / Maria Teresa Eglér Mantoan, Rosângela Gavioli Prieto ; organização Valéria Amorim Arantes. - [8. ed.]. - São Paulo : Summus, 2023.
  104 p. ; 21 cm. (Pontos e contrapontos)
  Inclui bibliografia
  ISBN 978-65-5549-088-6

  1. Inclusão escolar. 2. Educação especial. 3. Educação inclusiva. I. Prieto, Rosângela Gavioli. II. Arantes, Valéria Amorim. III. Título. IV. Série.

                              CDD: 371.9
23-85975                      CDU: 376

Meri Gleice Rodrigues de Souza – Bibliotecária - CRB-7/6439

www.summus.com.br

Compre em lugar de fotocopiar.
Cada real que você dá por um livro recompensa seus autores
e os convida a produzir mais sobre o tema;
incentiva seus editores a encomendar, traduzir e publicar
outras obras sobre o assunto;
e paga aos livreiros por estocar e levar até você livros
para a sua informação e o seu entretenimento.
Cada real que você dá pela fotocópia não autorizada de um livro
financia o crime
e ajuda a matar a produção intelectual de seu país.

# Inclusão escolar:
## pontos e contrapontos

Maria Teresa Eglér Mantoan
Rosângela Gavioli Prieto

Valéria Amorim Arantes
(org.)

*INCLUSÃO ESCOLAR: PONTOS E CONTRAPONTOS*
Copyright © 2023 by Maria Teresa Eglér Mantoan,
Rosângela Gavioli Prieto e Valéria Amorim Arantes
Direitos desta edição reservados por Summus Editorial

Editora executiva: **Soraia Bini Cury**
Assistente de produção: **Claudia Agnelli**
Coordenação editorial: **Carlos Tranjan (Página Viva)**
Preparação de texto: **Adriana Cerello**
Revisão: **Márcio Guimarães e Felice Morabito**
Projeto gráfico: **José Rodolfo de Seixas**
Diagramação: **Yara Penteado**

**Summus Editorial**
Departamento editorial
Rua Itapicuru, 613 – 7º andar
05006-000 – São Paulo – SP
Fone: (11) 3872-3322
http://www.summus.com.br
e-mail: summus@summus.com.br

Atendimento ao consumidor
Summus Editorial
Fone: (11) 3865-9890

Vendas por atacado
Fone: (11) 3873-8638
e-mail: vendas@summus.com.br
Impresso no Brasil

# Sumário

**Apresentação** – *Valéria Amorim Arantes* . . . . . . . . . . . . . . **7**

**PARTE I – Inclusão escolar** . . . . . . . . . . . . . . . . . . . . **13**
*Maria Teresa Eglér Mantoan*
*Rosângela Gavioli Prieto*

**Igualdade e diferenças na escola: como andar no fio da navalha** –
*Maria Teresa Eglér Mantoan*
Introdução . . . . . . . . . . . . . . . . . . . . . . . . . . . . . . . . **15**
A questão igualdade-diferenças . . . . . . . . . . . . . . . . . . . **16**
Fazer valer o direito à educação no caso de pessoas com
deficiência . . . . . . . . . . . . . . . . . . . . . . . . . . . . . . . . **23**
Referências bibliográficas . . . . . . . . . . . . . . . . . . . . . . . **29**

**Atendimento escolar de alunos com necessidades educacionais
especiais: um olhar sobre as políticas públicas de educação no
Brasil** – *Rosângela Gavioli Prieto*
Introdução . . . . . . . . . . . . . . . . . . . . . . . . . . . . . . . . **31**
Princípios, concepções e relações entre inclusão e
integração escolar . . . . . . . . . . . . . . . . . . . . . . . . . . . . **35**
As condições de atendimento escolar para os estudantes com
necessidades educacionais especiais no Brasil . . . . . . . . . . **49**

Formação de profissionais da educação para trabalhar com o atendimento de alunos com necessidades educacionais especiais no sistema regular de ensino . . . . . . . . . . . . . . 56
Considerações finais . . . . . . . . . . . . . . . . . . . . . . . . . . . 65
Referências bibliográficas . . . . . . . . . . . . . . . . . . . . . . . . 69

## PARTE II – Pontuando e contrapondo . . . . . . . . . . . . 75
*Maria Teresa Eglér Mantoan*
*Rosângela Gavioli Prieto*

## PARTE III – Entre pontos e contrapontos . . . . . . . . . 91
*Maria Teresa Eglér Mantoan*
*Rosângela Gavioli Prieto*
*Valéria Amorim Arantes*

# Apresentação

*Valéria Amorim Arantes**

A educação, como espaço disciplinar mas também inter, trans e multidisciplinar, em que as fronteiras entre os distintos campos de conhecimento se entrecruzam e, muitas vezes, se tornam difusas, solicita cada vez mais dos profissionais que nela atuam a capacidade de dialogar e transitar por caminhos insólitos e desconhecidos. Este é o desafio atual que muitos pesquisadores e profissionais

---

* É docente da graduação e da pós-graduação da Faculdade de Educação da Universidade de São Paulo e coordenadora do Ciclo Básico da Escola de Artes, Ciências e Humanidades da Universidade de São Paulo.

VALÉRIA AMORIM ARANTES (ORG.)

vêm assumindo na busca por reconfigurar o sentido da educação à luz das transformações em curso na sociedade contemporânea.

O diálogo é o melhor caminho para transitar por essas fronteiras difusas (e muitas vezes confusas) que, de forma geral, preocupam os educadores e a sociedade. Pelo diálogo é possível buscar o equilíbrio entre interesses particulares e antagônicos que sustentam as disciplinas e os campos específicos de conhecimento. Por meio dele, pode-se aceder a novas formas de organização do pensamento e das práticas educativas cotidianas, a partir do conhecimento produzido pelos pontos e contrapontos trazidos à tona por seus atores e protagonistas, sem, com isso, anular as diferenças e especificidades de cada disciplina.

A coleção *Pontos e Contrapontos* insere-se nessa perspectiva e foi pensada para trazer ao âmbito educativo o debate e o diálogo sobre questões candentes do universo educacional. Com isso, espera-se que os livros nela publicados contribuam para a compreensão e, muitas vezes, redefinição das fronteiras estabelecidas entre os campos de conhecimento que sustentam as pesquisas e as práticas de educação.

Tal empreitada exige dos autores convidados desafios de considerável complexidade. O maior deles talvez seja o de questionar-se sobre temas e conceitos que, em alguma medida, já os têm como "verdades" ou "crenças", que foram construídas no transcorrer de sua trajetória acadêmica e profissional. Com o diálogo que foi convidado a estabelecer com seus parceiros, cada autor se vê obrigado a explicitar conceitos, princípios e pressupostos que sustentam sua concepção teórica e epistemológica, a encontrar os pontos de compromisso possíveis entre visões antagônicas que lhe são apresentadas, ao mesmo tempo que necessita pontuar

INCLUSÃO ESCOLAR: PONTOS E CONTRAPONTOS

as diferenças que delimitam as fronteiras dos campos de conhecimento em discussão.

Com esse espírito de diálogo, cada livro da coleção *Pontos e Contrapontos* é escrito em três etapas diferentes e complementares, que podem levar até um ano para sua produção. Estabelecido o tema do diálogo, de comum acordo entre os dois autores, na primeira etapa cada um deles produz um texto que apresenta e sustenta seu ponto de vista. Esse texto é passado ao parceiro de diálogo, que, após a leitura atenta e crítica das ideias e pressupostos apresentados, formula algumas perguntas para pontuar e contrapor o texto que lhe foi entregue. Como segunda etapa de produção do livro, cada autor responde às perguntas feitas pelo interlocutor, explicitando e esclarecendo suas ideias. De posse de todo esse material, a coordenadora da coleção elabora algumas questões que são comuns para os dois autores sobre o tema em debate, procurando trazer à tona pontos não abordados até o momento ou contrapondo temáticas que suscitam divergências entre os mesmos. A terceira etapa de escrita do livro consiste na resposta às perguntas feitas pela coordenadora da obra, mediadora do diálogo.

Em *Inclusão escolar: pontos e contrapontos,* Maria Teresa Eglér Mantoan, professora da Faculdade de Educação da Universidade Estadual de Campinas, e Rosângela Gavioli Prieto, professora da Faculdade de Educação da Universidade de São Paulo, adentram os labirintos da inclusão escolar investigando, com muito rigor científico e competência, suas diferentes facetas.

Na primeira parte do livro, Maria Teresa discorre sobre inclusão e escolarização analisando pontos polêmicos e controvertidos que abrangem as inovações propostas por políticas educacionais e práticas escolares que envolvem o ensino regular e especial. Para tan-

VALÉRIA AMORIM ARANTES (ORG.)

to, foca seu texto na complexa relação de igualdade e diferenças, sempre presente no entendimento, na elaboração de políticas inclusivas e nas iniciativas que visam à transformação das escolas para se ajustarem aos princípios inclusivos de educação. Admitindo que tratar igualmente aqueles que são diferentes pode levar-nos à exclusão, a autora defende uma escola que reconheça a igualdade de aprender como ponto de partida e as diferenças do aprendizado como processo e ponto de chegada. E adverte-nos: *combinar igualdade e diferenças no processo escolar é andar no fio da navalha!*

Rosângela Gavioli Prieto faz uma análise profunda sobre pontos cruciais que envolvem o atendimento escolar de alunos com necessidades educacionais especiais, construindo um caminho que vai das relações entre inclusão e integração escolar à formação de professores, passando também por uma análise cuidadosa das políticas públicas de educação para todos. Em todo o texto Rosângela deixa marcas de seu compromisso com uma educação inclusiva e conclama por respostas educacionais que, para além dos direitos instituídos legalmente, atendam efetivamente às necessidades dos alunos.

Na segunda parte, as autoras apresentam às suas interlocutoras questões que nos esclarecem sobre pontos tratados na primeira parte do livro, ao mesmo tempo que nos convidam a participar e a ampliar o diálogo em curso, multiplicando, assim, as vozes que, de uma maneira ou de outra, contribuem para a construção de uma escola inclusiva. Rosângela solicita a Teresa que explore mais as ideias sobre o caráter benéfico das desigualdades naturais e os riscos de se combinar igualdade e diferenças no processo escolar. Por fim, pede que Teresa se posicione sobre a possibilidade de os alunos que demandam intervenções diferenciadas estarem, inicialmente, só na escola especial para, posteriormente, iniciarem a aprendizagem escolar regular (do que Teresa discorda radicalmente). Teresa torna a discussão ainda mais instigante quando pergunta a Rosângela sobre quanto o ensino especial – que foi e continua sendo a porta de entrada para a inclusão – pode também ser um obstáculo a ela. E convida Rosângela a pensar sobre quais situações de poder ficam em risco quando se propõe uma transformação das escolas visando à inclusão de alunos com deficiência. Por fim, coloca em questão as políticas de formação de professores para o atendimento de alunos com necessidades educacionais especiais.

Na terceira e última parte, sugiro às autoras que descrevam ações e/ou intervenções desenvolvidas por elas, no interior das instituições escolares, que mostrem como combinar diversidade e igualdade; que discorram sobre aqueles tão frequentes e conhecidos encaminhamentos (quase sempre inadequados) realizados pela instituição escolar; que retomem a polêmica e complexa discussão sobre o atendimento educacional especializado e a escola regular; e que descrevam ações que efetivamente contribuem para que os profissionais da educação olhem para a diversidade como favorecedora da aprendizagem. Em suma, minha intenção foi penetrar ainda mais nos entraves enfrentados no cotidiano de uma escola que pretende ser para todos e de qualidade.

Para além de um respeitável debate acadêmico, as ideias, conceitos e valores contidos ao longo desta obra são um verdadeiro convite a uma reflexão sobre nossas próprias crenças e práticas, que muitas vezes acabam por nos distanciar de uma escola e de uma sociedade inclusivas. Espero que o diálogo aqui estabelecido, os pontos e contrapontos aqui apresentados sejam elementos profícuos para a construção de novos conhecimentos e de práticas educativas com vistas à plena inclusão escolar.

# PARTE I
## Inclusão escolar

*Maria Teresa Eglér Mantoan*
*Rosângela Gavioli Prieto*

# Igualdade e diferenças na escola: como andar no fio da navalha

*Maria Teresa Eglér Mantoan*

## Introdução

Nos debates atuais sobre inclusão, o ensino escolar brasileiro tem diante de si o desafio de encontrar soluções que respondam à questão do acesso e da permanência dos alunos nas suas instituições educacionais. Algumas escolas públicas e particulares já adotaram ações nesse sentido, ao proporem mudanças na sua organização pedagógica, de modo a reconhecer e valorizar as diferenças, sem discriminar os alunos nem segregá-los. Apesar das resistências, cresce a adesão de redes de ensino, de escolas e de professores, de pais e de instituições dedicados à inclusão de pessoas com

VALÉRIA AMORIM ARANTES (ORG.)

deficiência, o que denota o efeito dessas novas experiências e, ao mesmo tempo, motiva questionamentos.

Com a intenção de explorar esse debate sobre inclusão e escolaridade, vamos analisar alguns pontos polêmicos que cercam essa situação de mudança diante das inovações propostas pelas políticas educacionais e pelas práticas escolares que envolvem o ensino regular e especial.

Mais do que avaliar os argumentos contrários e favoráveis às políticas educacionais inclusivas, abordarei, entre seus aspectos mais polêmicos, a complexa relação de igualdade-diferenças, que envolve o entendimento e a elaboração de tais políticas e de todas as iniciativas visando à transformação das escolas, para se ajustarem aos princípios inclusivos de educação.

## A questão igualdade-diferenças

A inclusão escolar está articulada a movimentos sociais mais amplos, que exigem maior igualdade e mecanismos mais equitativos no acesso a bens e serviços. Ligada a sociedades democráticas que estão pautadas no mérito individual e na igualdade de oportunidades, a inclusão propõe a desigualdade de tratamento como forma de restituir uma igualdade que foi rompida por formas segregadoras de ensino especial e regular.

Fazer valer o direito à educação para todos não se limita a cumprir o que está na lei e aplicá-la, sumariamente, às situações discriminadoras. O assunto merece um entendimento mais profundo da questão de justiça. A escola justa e desejável para todos não se sustenta unicamente no fato de os homens serem iguais e nascerem iguais. Para Bobbio, a igualdade natural não tem um significado unívoco, mas tantos quantas forem as respostas às questões "Igualdade entre quem? Igualdade em quê?". A extensão desse valor, portanto, precisa ser considerada, para não entendermos que todos os homens sejam iguais em tudo!

Mesmo os que defendem o igualitarismo até as últimas consequências entendem que não se pode ser igual em tudo. Bobbio (1997, p. 25) relata que Rousseau, em seu *Discurso sobre a origem da desigualdade entre os homens*, estabeleceu uma diferenciação entre desigualdades naturais (produzidas pela natureza) e desigualdades sociais (produzidas pelas relações de domínio econômico, espiritual, político). Para alcançar os ideais igualitários seria necessário eliminar as segundas, não as primeiras, pois estas são benéficas ou mesmo moralmente indiferentes.

A inclusão, como os demais movimentos provocados por grupos que historicamente foram excluídos da escola e da cidadania plena, é uma denúncia ao que Hannah Arendt chamou de "abstrata nudez", pois é inovação incompatível com a abstração das diferenças, para chegar a um sujeito universal. Quando entendemos que não é a universalidade da espécie que define um sujeito, mas as suas peculiaridades, ligadas a sexo, etnia, origem, crenças, tratar as pessoas diferentemente pode enfatizar suas diferenças, assim como tratar igualmente os diferentes pode esconder as suas especificidades e excluí-los do mesmo modo; portanto, ser gente é correr sempre o risco de ser diferente.

O dilema, como nos lembra Pierucci, está em mostrar ou esconder as diferenças. Como resolver esse dilema nas escolas que primam pela homogeneização dos alunos e que usam a desigualdade social como argumento em favor da exclusão?

VALÉRIA AMORIM ARANTES (ORG.)

Para instaurar uma condição de igualdade nas escolas não se concebe que todos os alunos sejam iguais em tudo, como é o caso do modelo escolar mais reconhecido ainda hoje. Temos de considerar as suas desigualdades naturais e sociais, e só estas últimas podem e devem ser eliminadas. Se a igualdade traz problemas, as diferenças podem trazer muito mais!

As políticas educacionais atuais confirmam em muitos momentos o projeto igualitarista e universalista da Modernidade. No geral, elas participam do esforço da Modernidade para superar o que se chamou de "estado da natureza", a fim de domesticar os que diferem do padrão. Como incluir as diferenças com base em um plano racional de atuação que as extingue ou as põe de lado como refugo que escapa à definição? (Bauman, 1999, p. 15).

O discurso da Modernidade (movimento que se caracteriza, principalmente, por uma guerra à ambivalência e por um esforço racional de ordenar o mundo, os seres humanos, a vida) estendeu suas precauções contra o imprevisível, a ambiguidade e demais riscos à ordem e à unicidade, repetindo que todos são iguais, todos são livres, mas um "todos" padronizado, dentro de seus pressupostos disciplinadores (*ibidem*).

Esse discurso sustenta a organização pedagógica escolar e, por seus parâmetros, o aluno diferente (porque ele é indefinido, incoerente, indeterminado) desestabiliza o pensamento moderno da escola, na sua ânsia pelo lógico, pela negação das condições que produzem as diferenças, que são as matrizes da nossa identidade.

A diferença propõe o conflito, o dissenso e a imprevisibilidade, a impossibilidade do cálculo, da definição, a multiplicidade incontrolável e infinita. Essas situações não se enquadram na cultura da igualdade das escolas, introduzindo nelas um elemento

INCLUSÃO ESCOLAR: PONTOS E CONTRAPONTOS

complicador que se torna insuportável e delirante para os reacionários que as compõem e as defendem tal como ela ainda se mantém. Porque a diferença é difícil de ser recusada, negada, desvalorizada. Se ela é recusada, negada, desvalorizada, há que assimilá-la ao igualitarismo essencialista e, se aceita e valorizada, há que mudar de lado e romper com os pilares nos quais a escola tem se firmado até agora.

A igualdade abstrata não propiciou a garantia de relações justas nas escolas. A igualdade de oportunidades, que tem sido a marca das políticas igualitárias e democráticas no âmbito educacional, também não consegue resolver o problema das diferenças nas escolas, pois elas escapam ao que essa proposta sugere, diante das desigualdades naturais e sociais.

Em *Uma teoria da justiça* (2002, p. 108), Rawls opõe-se às declarações de direito do mundo moderno, que igualaram os homens em seu instante de nascimento e estabeleceram o mérito e o esforço de cada um como medida de acesso e uso de bens, recursos disponíveis e mobilidade social. Para esse filósofo político, a liberdade civil – com suas desigualdades sociais –, e a igualdade de oportunidades – com suas desigualdades naturais – são arbitrárias do ponto de vista moral; ele propôs uma política da diferença, estabelecendo a identificação das diferenças como uma nova medida da igualdade:

> Assim, somos levados ao princípio da diferença, se desejamos montar o sistema social de modo que ninguém ganhe ou perca devido ao seu lugar arbitrário na distribuição de dotes naturais ou à sua posição inicial na sociedade sem dar ou receber benefícios compensatórios em troca.

VALÉRIA AMORIM ARANTES (ORG.)

Na mesma direção das propostas escolares inclusivas, o referido autor defende que a distribuição natural de talentos ou a posição social que cada indivíduo ocupa não são justas nem injustas. O que as torna justas ou não são as maneiras pelas quais as instituições (no caso, as educacionais) fazem uso delas. Ele sugere uma igualdade democrática, que combina o princípio da igualdade de oportunidades com o princípio da diferença (*ibidem*, p. 79). A sugestão de Rawls tem opositores, por ser contra a noção de mérito. Para os que lutam por uma escola verdadeiramente inclusiva, na mesma linha argumentativa de Rawls, o merecimento não parece aplicar-se devidamente aos que já nascem em uma situação privilegiada socialmente, aos que já tiveram a oportunidade de se desenvolver, com base em melhores condições de vida e de aproveitamento de suas potencialidades; o mérito deve ser proporcional ao ponto de partida de cada um. Ao combinar os dois princípios, Rawls reconhece que as desigualdades naturais e sociais são imerecidas e precisam ser reparadas e compensadas, e o princípio da diferença é o que garante essa reparação, visando à igualdade.

A igualdade de oportunidades é perversa, quando garante o acesso, por exemplo, à escola comum de pessoas com alguma deficiência de nascimento ou de pessoas que não têm a mesma possibilidade das demais, por problemas alheios aos seus esforços, de passar pelo processo educacional em toda a sua extensão. Mas não lhes assegura a permanência e o prosseguimento da escolaridade em todos os níveis de ensino. Mais um motivo para se firmar a necessidade de repensar e de romper com o modelo educacional elitista de nossas escolas e de reconhecer a igualdade de aprender como ponto de partida e as diferenças no aprendizado como processo e ponto de chegada.

20

A esse propósito é fundamental a contribuição de Joseph Jacotot[1]. Ele nos trouxe um olhar original sobre a igualdade, que até então se emaranhava nas questões de direito, de política, de promessas constitucionais. Ele afirmava que a igualdade não seria alcançada a partir da desigualdade, como se espera atingi-la, até hoje, nas escolas; acreditava em uma outra igualdade, a igualdade de inteligências. Jacotot defendia o ser humano como ser cognoscente, capaz de aprender, de conhecer, e defendia essa capacidade de toda submissão – uma inteligência não pode submeter uma outra. Em outras palavras, a emancipação da inteligência proviria dessa igualdade da capacidade de aprender, que vem antes de tudo e é ponto de partida para qualquer tipo ou nível de aprendizagem. O professor, portanto, não poderia negar essa capacidade, esse "lugar do saber" que cada aluno tem de ocupar diante do ensino ministrado, pois ao fazê-lo estaria ferindo esse princípio de igualdade intelectual e, portanto, embrutecendo-o.

Vale citar algumas das suas ideias, para entrever o alcance da pedagogia desse mestre para os nossos tempos de inclusão educacional:

A igualdade não é um objetivo a atingir, mas um ponto de partida, uma suposição a ser mantida em qualquer circunstância.

Há desigualdade nas manifestações da inteligência, segundo a energia mais ou menos grande que a vontade comunica à inte-

---

1. Esse professor de ideias extravagantes para sua época, e ainda hoje, viveu de 1770 a 1840. Foi trazido do esquecimento da história da pedagogia do século XIX por Jacques Rancière, no livro *O mestre ignorante – Cinco lições sobre a emancipação intelectual* (Belo Horizonte, Autêntica, 2002), em que nos conta a história e as ideias ousadas e inovadoras desse educador.

VALÉRIA AMORIM ARANTES (ORG.)

ligência para descobrir e combinar relações novas, mas não há hierarquia de capacidade intelectual.

As grandes lições desse mestre, embora enfoquem a igual capacidade de conhecer, constituem mais um argumento em favor da necessidade de combinar igualdade com diferenças e de nos distanciarmos dos que se apegam unicamente à cultura da igualdade de oportunidades liberal e do mérito para defender a escola do seu caráter excludente, que bane os que por desigualdades significativas de nascimento e/ou desigualdades sociais não conseguem preencher os requisitos de um padrão de aluno previamente estipulado.

A escola insiste em afirmar que os alunos são diferentes quando se matriculam em uma série escolar, mas o objetivo escolar, no final desse período letivo, é que eles se igualem em conhecimentos a um padrão que é estabelecido para aquela série, caso contrário serão excluídos por repetência ou passarão a frequentar os grupos de reforço e de aceleração da aprendizagem e outros programas embrutecedores da inteligência.

A indiferença às diferenças está acabando, passando da moda. Nada mais desfocado da realidade atual do que ignorá-las. Nada mais regressivo do que discriminá-las e isolá-las em categorias genéricas, típicas da necessidade moderna de agrupar os iguais, de organizar pela abstração de uma característica qualquer, inventada, e atribuída de fora.

Mas é preciso estar atento, pois combinar igualdade e diferenças no processo escolar é andar no fio da navalha. O certo, porém, é que os alunos jamais deverão ser desvalorizados e inferiorizados pelas suas diferenças, seja nas escolas comuns, seja nas especiais.

Esses espaços educacionais não podem continuar sendo lugares da discriminação, do esquecimento, que é o ponto final dos que seguem a rota da proposta da eliminação das ambivalências com que as diferenças afrontam a Modernidade.

## Fazer valer o direito à educação no caso de pessoas com deficiência

Nosso sistema educacional, diante da democratização do ensino, tem vivido muitas dificuldades para equacionar uma relação complexa, que é a de garantir escola para todos, mas de qualidade. É inegável que a inclusão coloca ainda mais lenha na fogueira e que o problema escolar brasileiro é dos mais difíceis, diante do número de alunos que temos de atender, das diferenças regionais, do conservadorismo das escolas, entre outros fatores.

A verdade é que o ensino escolar brasileiro continua aberto a poucos, e essa situação se acentua drasticamente no caso dos alunos com deficiência. O fato é recorrente em qualquer ponto de nosso território, na maior parte de nossas escolas, públicas ou particulares, e em todos os níveis de ensino, mas sobretudo nas etapas do ensino básico: educação infantil, ensino fundamental e ensino médio.

A inclusão escolar tem sido mal compreendida, principalmente no seu apelo a mudanças nas escolas comuns e especiais. Sabemos, contudo, que sem essas mudanças não garantiremos a condição de nossas escolas receberem, indistintamente, a todos os alunos, oferecendo-lhes condições de prosseguir em seus estudos, segundo a capacidade de cada um, sem discriminações nem espaços segregados de educação.

VALÉRIA AMORIM ARANTES (ORG.)

Muitos argumentos têm sido utilizados para combater os que lutam em favor da inclusão escolar, até mesmo há os que nos acusam de promovê-la com irresponsabilidade! A eles temos de responder com o sentido inovador e revolucionário dessa proposta educacional.

Artigos, livros, palestras que tratam devidamente do tema insistem na transformação das práticas de ensino comum e especial para a garantia da inclusão, e é nítida essa nossa preocupação, pois a inclusão é, ao mesmo tempo, motivo e consequência de uma educação de qualidade e aberta às diferenças.

Temos a Constituição de 1988 e leis educacionais que apoiam a necessidade de reconstruir a escola brasileira sob novos enfoques educacionais e que nos conclamam a uma "virada para melhor" de nosso ensino. Há apoio legal suficiente para mudar, mas só temos tido, até agora, muitos entraves nesse sentido.

Entre esses entraves estão: a resistência das instituições especializadas a mudanças de qualquer tipo; a neutralização do desafio à inclusão, por meio de políticas públicas que impedem que as escolas se mobilizem para rever suas práticas homogeneizadoras, meritocráticas, condutistas, subordinadoras e, em consequência, excludentes; o preconceito, o paternalismo em relação aos grupos socialmente fragilizados, como o das pessoas com deficiência.

Há ainda a considerar outras barreiras que impedem a transformação de nossas escolas: o corporativismo dos que se dedicam às pessoas com deficiência e a outras minorias, principalmente dos que tratam de pessoas com deficiência mental; a ignorância de muitos pais, a fragilidade de grande maioria deles diante do fenômeno da deficiência de seus filhos.

INCLUSÃO ESCOLAR: PONTOS E CONTRAPONTOS

Precisamos de apoio e de parcerias para enfrentar essa tarefa de todos que é o ensino de qualidade. Temos sofrido muita oposição e resistência dos que deveriam estar nos apoiando. Falta vontade de mudar.

Na verdade, resiste-se à inclusão escolar porque ela nos faz lembrar que temos uma dívida a saldar em relação aos alunos que excluímos pelos motivos mais banais e inconsistentes, apoiados por uma organização pedagógico-escolar que se destina a alunos ideais, padronizados por uma concepção de normalidade e de eficiência arbitrariamente definida.

Sabemos que alunos com e sem deficiência, que foram e são ainda excluídos das escolas comuns, devem estar inseridos nessas escolas, e há muito tempo, ou seja, desde que o ensino fundamental é obrigatório para os alunos em geral. Se os pais, professores, dirigentes educacionais não tinham conhecimento do direito de todos à educação comum, há hoje documentos e uma ação corajosa do movimento escolar inclusivo que estão cumprindo o seu dever de alertar os educadores e os pais nesse sentido.

A Lei de Diretrizes e Bases da Educação Nacional (LDB 96) deixa claro que o ensino especial é uma modalidade e, como tal, deve perpassar o ensino comum em todos os seus níveis – da escola básica ao ensino superior. Haja vista as portarias e demais instrumentos pelos quais a educação garante aos alunos universitários a presença de intérpretes, tecnologia assistiva e outros recursos em sala de aula comum. Há que assegurar não apenas o acesso, mas a permanência e o prosseguimento do estudo desses alunos e não retirar do Estado, por nenhum motivo, essa obrigação, exigindo, postulando o cumprimento das leis, para atender às necessidades educacionais de todos.

Se ainda não é do conhecimento geral, é importante que se saiba que as escolas especiais complementam, e não substituem, a escola comum. E as nossas leis prescrevem esse (novo?) fato há quase duas décadas. As escolas especiais se destinam ao ensino do que é diferente da base curricular nacional, mas que garante e possibilita ao aluno com deficiência a aprendizagem desses conteúdos quando incluídos nas turmas comuns de ensino regular; oferecem atendimento educacional especializado, que não tem níveis, seriações, certificações.

Falta às escolas especiais e às instituições para pessoas com deficiência a compreensão do papel formador da escola comum, que jamais será exercido em um meio educacional segregado, assim como lhes falta a consciência de que as escolas especiais se descaracterizaram, perderam sua identidade, bem como os profissionais que nelas lecionam, particularmente os que são professores especializados. De fato, ora esses profissionais atuam como orientadores de professores de escolas comuns, onde estão incluídos alguns alunos dessas instituições, ora dão aulas como professores de ensino regular, mas em escolas especiais!

Tudo se confundiu de tal modo que é difícil, até para quem quer compreender o que significa atender a alunos com deficiência nas suas necessidades educacionais como um todo, sejam as especificamente escolares, sejam as relativas ao atendimento complementar especializado. Se a escola é especial, parece coerente que ela não seja comum, mas o que ocorre é que elas acabam sendo nem uma coisa nem outra.

Nossa obrigação é fazer valer o direito de todos à educação e não precisamos ser corajosos para defender a inclusão, porque estamos certos de que não corremos nenhum risco ao propor que

# INCLUSÃO ESCOLAR: PONTOS E CONTRAPONTOS

alunos com e sem deficiência deixem de frequentar ambientes educacionais à parte, que segregam, discriminam, diferenciam pela deficiência, excluem – como é próprio das escolas especiais. O que falta às escolas especiais, como substitutas das comuns, é muito mais do que a soma das carências das escolas comuns. Falta-lhes o primordial das escolas, isto é, o ambiente apropriado de formação do cidadão.

Em inúmeras publicações – artigos, livros, entrevistas, palestras – indicamos as mudanças necessárias para que o acesso, a permanência e o prosseguimento dos estudos de alunos com deficiência na escola comum se concretizem; o assunto já é sobejamente conhecido dos educadores e gestores da educação escolar em todos os níveis de ensino.

Tanto as escolas especiais quanto as comuns precisam se reorganizar e melhorar o atendimento que dispensam a seus alunos. Precisamos lutar por essas mudanças e por movimentos que têm como fim virar essas escolas do avesso. Ambas precisam sair do comodismo em que se encontram, e a inclusão, especialmente quando se trata de alunos com deficiência, é o grande mote para empreender essa reviravolta.

É um engano pensar que as escolas de países mais avançados e mais ricos são melhores do que as nossas. Elas podem apresentar índices menores de desaprovação, pois esses países não têm problemas de superpopulação na idade escolar e de aumento constante desse segmento, principalmente nas grandes cidades. Mas os problemas que causam essa desaprovação são os mesmos em todo o mundo. Outro ledo engano é pensar que nesses países a inclusão já acontece, sobretudo no que diz respeito à deficiência mental.

Quanto mais um país se sofistica intelectual e culturalmente, mais essas pessoas são desvalorizadas nas suas competências laborais e acadêmicas e mais se amplia a rede de proteção à deficiência e, com isso, a segregação aumenta e recrudesce.

Se a inclusão for uma das razões fortes de mudança, temos condições de romper com os modelos conservadores da escola comum brasileira e iniciar um processo gradual, porém firme, de redirecionamento de suas práticas para melhor qualidade de ensino para todos.

Muito já teria sido feito, não fossem os entraves com que sempre deparamos: ora são as instituições especializadas, ora as corporações, ora as autoridades de ensino, ora os defensores públicos; enfim, sempre temos de perder o tempo de trabalhar em favor de uma escola de melhor qualidade para dedicar-nos a defender o óbvio.

As escolas especiais também estão perdendo o seu tempo de mudar. Há inúmeras redes de escolas comuns e também algumas escolas especiais que há tempos estão vivendo esse processo de transformação e eliminando seus métodos excludentes de ensinar. Elas já estão se adequando e cumprindo a Constituição e a LDB e pondo em ação práticas que exigem inovações educacionais, como a inclusão escolar. Muitas escolas, tanto comuns como especiais, já estão assegurando aos alunos com deficiência o atendimento educacional especializado, em horário diferente do da escola comum.

O processo de transformação da escola comum é lento e não pretende gerar maior marginalização da que já existe, abertamente, nas escolas especiais, tais como hoje se apresentam. Para que haja um processo de mudança, cujo movimento ruma para novas possibilidades para o ensino comum e especial, há que existir uma ruptura com o modelo antigo de escola. Porque não há como caminhar com um pé em cada canoa.

O ensino escolar comum e o despreparo dos professores, por sua vez, não podem continuar sendo justificativa dos que querem escapar da inclusão escolar pelos mais diferentes motivos. De fato, esse despreparo dos professores e das escolas tranquiliza e é o argumento favorito de muitos pais de crianças e jovens com deficiência, que acharam uma boa saída para fugir da inclusão. Felizmente nem todos são tão ingênuos a ponto de "engolir" essa argumentação. Surpreende-me que ela ainda esteja sendo utilizada!

Como prepará-los sem que possam viver a experiência e o desafio das diferenças nas suas salas de aula? Que motivos teriam para se mobilizar? Para buscar novas respostas educacionais?

Em poucas palavras, a inclusão não pode mais ser ignorada. Ela está tão presente que motiva pressões descabidas, que pretendem nos desestabilizar a qualquer custo.

Aos contrassensos pelos quais a escola inclusiva é tão combatida, vamos responder com o sentido pleno que damos à escola que queremos para todos os brasileiros – uma escola que reconhece e valoriza as diferenças.

## Referências bibliográficas

ARENDT, H. *O sistema totalitário*. Lisboa: Dom Quixote, 1978.

BAUMAN, Z. *Modernidade e ambivalência*. Rio de Janeiro: Zahar, 1999.

BOBBIO, N. *Igualdade e liberdade*. Rio de Janeiro: Ediouro, 3ª ed., 1997.

PIERUCCI, A. F. *Ciladas da diferença*. São Paulo: Editora 34, 1999.

RAWLS, J. *Uma teoria da justiça*. São Paulo: Martins Fontes, 2ª ed., 2002.

# Atendimento escolar de alunos com necessidades educacionais especiais: um olhar sobre as políticas públicas de educação no Brasil

*Rosângela Gavioli Prieto*

## Introdução

Na organização deste texto foram abordados alguns temas determinantes do debate sobre o atendimento escolar de alunos com necessidades educacionais especiais, quais sejam: princípios, concepções e relações entre inclusão e integração escolar; condições de atendimento escolar desses estudantes no Brasil; orientações para a promoção da sua inclusão no ensino regular: a construção de políticas públicas de educação para todos; e formação de profissionais da educação para trabalhar com seu atendimento no sistema regular de ensino.

VALÉRIA AMORIM ARANTES (ORG.)

Os vieses empregados nesta exposição para análise dos referidos temas são, primordialmente, resgatados na interlocução de conteúdos de documentos legais nacionais, que explicitam os compromissos políticos brasileiros com a educação da referida população com referenciais teóricos afins. Da legislação foram selecionadas a Constituição da República Federativa do Brasil (CF 88), a Lei de Diretrizes e Bases da Educação Nacional (LDB 96) e a Resolução do Conselho Nacional de Educação e Câmara de Educação Básica nº 2, de 11 de setembro de 2001 (Res. 2/01).

São ainda analisados indicadores de atendimento escolar, publicados pelo poder público federal nos últimos anos, com vistas a averiguar e discutir a evolução das matrículas dessa população nas redes de ensino, particularmente após 1998, quando se oficializa a frequência anual do Censo escolar.

São resgatados e analisados alguns eixos da política educacional indicados, com base em nossa experiência, como essenciais para universalizar o ensino fundamental, sempre tendo como escolha destacar suas implicações para o atendimento escolar de alunos com necessidades educacionais especiais. Com essa intenção, este texto abordará situações exemplares para sistemas de ensino produzirem formas de atender a esse alunado, pautando-se na garantia de seu acesso e de sua permanência, como resultados da qualidade de ensino oferecida.

Outro tema que sempre deve comparecer nesse debate é a formação de professores para o atendimento educacional de pessoas com necessidades especiais, o que será explorado na última parte deste texto. Temos trabalhado nos últimos anos na perspectiva de pesquisar e intervir nos sistemas de ensino, embasados no pressuposto de que a universalização do ensino de qualidade é direito de todos os alunos. Sem a intenção de negar a validade e a importância de experiências desenvolvidas em escolas específicas ou em determinadas salas de aula, desacredita-se na sua possibilidade de generalização para o sistema de ensino e acredita-se que seu isolamento pode comprometer sua continuidade em anos posteriores.

As instituições escolares, ao reproduzirem constantemente o modelo tradicional, não têm demonstrado condições de responder aos desafios da inclusão social e do acolhimento às diferenças nem de promover aprendizagens necessárias à vida em sociedade, particularmente nas sociedades complexas do século XXI. Assim, neste século em que o próprio conhecimento e nossa relação com ele mudaram radicalmente, não se justifica que parte expressiva da sociedade continue apegada à representação da escola transmissora de conhecimentos e de valores fixos e inquestionáveis.

Mesmo que assim seja compreendido seu papel, a escola não tem conseguido cumpri-lo, pois esse modelo assenta-se em pressuposto irrealizável, ao exigir que todos os alunos se enquadrem às suas exigências. Essa escola não tem, dessa maneira, conseguido se configurar como espaço educativo para significativo contingente de alunos, independentemente de apresentarem ou não necessidades denominadas como educacionais especiais.

Somada a essa constatação, a partir de meados da década de 1990, a escolarização de pessoas com necessidades educacionais especiais em classes comuns está na pauta da legislação brasileira sobre educação, nos debates e nas publicações acadêmicas. No plano ético e político, a defesa de sua igualdade de direitos, com destaque para o direito à educação, parece constituir-se um consenso. As discordâncias são anunciadas no plano da definição das propostas para sua concretização.

VALÉRIA AMORIM ARANTES (ORG.)

Embora sem respaldo teórico, no discurso recorrente de muitos profissionais da educação a inclusão escolar tem sido expressão empregada com sentido restrito e como se significasse apenas matricular alunos com deficiência em classe comum. Mas a construção conceitual dessa expressão ultrapassa em muito essa compreensão. Sua implantação pode implicar resguardar a classe comum como espaço de escolarização de todos ou como uma das opções para aqueles com necessidades educacionais especiais, ainda que deva ser a preferencial, como preconizado pela Constituição Federal de 1988.

Outro embate que revela acentuadas discordâncias no plano da implantação de políticas de educação inclusiva é a definição do papel que o atendimento educacional especializado pode assumir, ou seja, a possibilidade de serviços especializados substituírem o ensino comum. Atualmente coexistem pelo menos duas propostas para a educação especial: uma, em que os conhecimentos acumulados sobre educação especial, teóricos e práticos, devem estar a serviço dos sistemas de ensino e, portanto, das escolas, e disponíveis a todos os professores, alunos e demais membros da comunidade escolar, que a qualquer momento podem requerê-los; outra, em que se deve configurar um conjunto de recursos e serviços educacionais especializados, dirigidos apenas à população escolar que apresente solicitações que o ensino comum não tem conseguido contemplar (podendo ser ofertada no âmbito do ensino regular ou em outros locais exclusivos para essa população). Neste último caso, a educação especial é marcada pela "ideia de uma educação diferente e dirigida a um grupo de sujeitos específicos"; a compreensão anterior é marcada pela "ideia de uma ação ou conjunto de ações e serviços dirigidos a todos os sujeitos que deles necessitem, em contextos normalizados" (González, 2001, p. 69).

INCLUSÃO ESCOLAR: PONTOS E CONTRAPONTOS

O planejamento e a implantação de políticas educacionais para atender a alunos com necessidades educacionais especiais requerem domínio conceitual sobre inclusão escolar e sobre as solicitações decorrentes de sua adoção enquanto princípio ético-político, bem como a clara definição dos princípios e diretrizes nos planos e programas elaborados, permitindo a (re)definição dos papéis da educação especial e do *locus* do atendimento desse alunado.

## Princípios, concepções e relações entre inclusão e integração escolar

Como já foi citado, temos muitos desafios a enfrentar para atingir a educação como direito de todos. Um deles é não permitir que esse direito seja traduzido meramente como cumprimento da obrigação de matricular e manter alunos com necessidades educacionais especiais[2] em classes comuns. Se assim for, ou seja, se o investimento na qualidade de ensino não se tornar uma ação constante, a evolução das matrículas desse alunado na classe comum pode resultar em recrudescimento da rejeição – já existente nas escolas – e

---

2. Neste texto, a expressão "alunos com necessidades educacionais especiais" é usada para designar pessoas com deficiência (mental, auditiva, visual, física e múltipla), superdotação e altas habilidades ou condutas típicas, tal como especificado no documento Política Nacional de Educação Especial (Seesp/MEC, 1994), que requerem, em seu processo de educação escolar, atendimento educacional especializado, que pode se concretizar em intervenções para lhes garantir acessibilidade arquitetônica, de comunicação e de sinalização, adequações didático-metodológicas, curriculares e administrativas, bem como materiais e equipamentos específicos ou adaptados.

35

VALÉRIA AMORIM ARANTES (ORG.)

em maior dificuldade de estudarem junto com os outros alunos. Nesse caso, eles podem ter acesso à escola, ou nela permanecer, apenas para atender a uma exigência legal, sem que isso signifique reconhecimento de sua igualdade de direitos.

Uma das tarefas é identificar constantemente as intervenções e as ações desencadeadas e/ou aprimoradas para que a escola seja um espaço de aprendizagem para todos os alunos. Isso exigirá novas elaborações no âmbito dos projetos escolares, visando ao aprimoramento de sua proposta pedagógica, dos procedimentos avaliativos institucionais e da aprendizagem dos alunos. É importante ainda uma atenção especial ao modo como se estabelecem as relações entre alunos e professores, além da constituição de espaços privilegiados para a formação dos profissionais da educação, para que venham a ser agentes corresponsáveis desse processo.

Afora ações para garantir que as escolas se constituam em espaços de aprendizagem para todos os alunos, na CF 88 (art. 205, inc. III) está previsto que o Estado deve garantir atendimento educacional especializado aos educandos com necessidades educacionais especiais (Res. 2/01), preferencialmente na rede regular de ensino.

No Brasil, tradicionalmente, é a educação especial[3] que tem se

---

3. No plano legal, a definição mais atual para educação especial é localizada no art. 3º da Res. 2/01: "Modalidade de educação escolar: entende-se um processo educacional definido por uma proposta pedagógica que assegure recursos e serviços educacionais especiais, organizados institucionalmente para apoiar, complementar, suplementar e, em alguns casos, substituir os serviços educacionais comuns, de modo a garantir a educação escolar e promover o desenvolvimento das potencialidades dos educandos que apresentam necessidades educacionais especiais, em todas as etapas e modalidades da educação básica".

responsabilizado por esse tipo de atendimento. Nesse sentido, para Sousa e Prieto (2002, p. 123), "tem-se previsto o 'especial' na educação referindo-se a condições que possam ser necessárias a alguns alunos para que se viabilize o cumprimento do direito de todos à educação". O que se tem como objetivo precípuo, portanto, é a defesa da educação escolar para todos como um princípio.

É mister salientar que mudanças na educação brasileira, nessa perspectiva, dependem de um conjunto de ações em nível de sistema de ensino que tem de se movimentar a fim de garantir que todas as unidades que o compõem ultrapassem o patamar em que se encontram. É inegável o valor das ações que se tornam exemplares, mas certamente isso não garante sua generalização para o sistema de ensino, o que resultará em desigualdade na oferta de mesmas condições de qualidade para todos os alunos residentes na circunscrição de cada escola.

Se os princípios da educação inclusiva vêm se fortalecendo desde meados da década de 1990, na prática é o modelo da integração escolar que ainda predomina.

No Brasil, nas décadas de 1960 e 1970, foram estruturadas propostas de atendimento educacional para pessoas com deficiência (população focalizada na época) com a pretensão de que elas estivessem o mais próximo possível aos demais alunos. Na época, movimentos sociais internacionais e nacionais *de* e *para* pessoas nessa condição reivindicavam seu direito a ter acesso aos bens e serviços sociais disponíveis para os demais segmentos da sociedade, um deles a classe comum.

A integração escolar tinha como objetivo "ajudar pessoas com deficiência a obter uma existência tão próxima ao normal possível, a elas disponibilizando padrões e condições de vida cotidiana

VALÉRIA AMORIM ARANTES (ORG.)

próximas às normas e padrões da sociedade" (Anarc – American National Association of Rehabilition Connseling, 1973 *apud* Aranha, p. 167).

Sua efetivação podia se dar pela oferta de um *continuum* de serviços que pudesse garantir ao aluno com deficiência o direito de estar em espaços sociais (dentre eles a escola) que aumentassem sua proximidade física com os demais alunos e pessoas (dimensão física), podendo usufruir os mesmos recursos educacionais disponíveis no sistema de ensino, incluindo a classe comum (dimensão funcional), com a intenção de potencializar suas possibilidades de interagir socialmente (dimensão social). A integração social, decorrente do cumprimento a essa última dimensão, envolve

a interação, mediante a comunicação, a assimilação, pela participação ativa e reconhecida do excepcional como elemento do grupo de crianças "normais" e, finalmente, a aceitação, refletida na aprovação da criança excepcional como elemento participante e aceito no grupo, mediante relações regulares e espontâneas que fazem com que o excepcional se sinta parte natural do grupo. (Mazzotta, 1989, pp. 43-4, grifos do autor)

O *continuum* de serviços, idealizado nas décadas de 1960 e 70, foi denominado por Reynolds (1962) como "hierarquia de serviços – modelo de educação especial", por Deno (1970) como "sistema de cascata dos serviços de educação especial" e por Dunn (1973) como "modelo da pirâmide invertida" (*ibidem*, pp. 45 e 47). Propõe-se nesse modelo que os alunos sejam atendidos em suas necessidades segundo duas orientações: encaminhá-los para recursos especializados "somente quando necessário"; e movê-los

INCLUSÃO ESCOLAR: PONTOS E CONTRAPONTOS

a fim de ocupar a classe comum "tão logo possível". Com essas indicações, e alertando para a existência de diferenças entre esses autores, estavam previstos para seu atendimento: classe comum; classe especial; escola especial; e o atendimento em ambiente domiciliar e/ou hospitalar.

Assim, no que se refere à escolarização de pessoas com deficiência, uma das alternativas indicadas é a classe comum, cuja matrícula nesse modelo está condicionada ao tipo de limitação que o aluno apresenta, ficando mais distante desse espaço escolar quem menos se ajusta às suas normas disciplinares ou de organização administrativa e pedagógica. Esses são dois dos critérios questionados pela proposta de inclusão escolar: o acesso condicional de alguns alunos à classe comum e a manutenção das escolas no seu atual molde de funcionamento, na expectativa de que os alunos a ela se adaptem.

Um breve comentário sobre a implantação da integração escolar no Brasil é necessário, uma vez que críticas indiscriminadas foram lançadas diretamente a alguns tipos de serviços, particularmente às classes especiais direcionadas a alunos com deficiência mental. Essas críticas muitas vezes não evidenciam que a implantação desse modelo integracionista não respeitou as suas próprias indicações: não foi oferecido o referido conjunto de serviços de maneira a garantir que o encaminhamento respeitasse as características individuais e as necessidades das pessoas; o encaminhamento para a educação especial não se justificava pela necessidade do aluno, e sim por este ser rejeitado na classe comum; não foram seguidos os princípios de transitoriedade, ou seja, de permanência do aluno em ambientes exclusivos de educação especial por tempo determinado.

VALÉRIA AMORIM ARANTES (ORG.)

O que constatamos como herança desse modelo, da forma como foi implantado, é a permanência do aluno em instituições especializadas e classes especiais, pelo tempo em que esteve vinculado a algum atendimento.

Com vistas a se contrapor ao referido modelo, o objetivo na inclusão escolar é tornar reconhecida e valorizada a diversidade como condição humana favorecedora da aprendizagem. Nesse caso, as limitações dos sujeitos devem ser consideradas apenas como uma informação sobre eles que, assim, não pode ser desprezada na elaboração dos planejamentos de ensino. A ênfase deve recair sobre a identificação de suas possibilidades, culminando com a construção de alternativas para garantir condições favoráveis à sua autonomia escolar e social, enfim, para que se tornem cidadãos de iguais direitos.

A educação inclusiva tem sido caracterizada como um "novo paradigma", que se constitui pelo apreço à diversidade como condição a ser valorizada, pois é benéfica à escolarização de todas as pessoas, pelo respeito aos diferentes ritmos de aprendizagem e pela proposição de outras práticas pedagógicas, o que exige ruptura com o instituído na sociedade e, consequentemente, nos sistemas de ensino. A ideia de ruptura é rotineiramente empregada em contraposição à ideia de continuidade e tida como expressão do novo, podendo causar deslumbramento a ponto de não ser questionada e repetir-se como modelo que nada transforma. Por outro lado, a ideia de continuidade, ao ser associada ao que é velho, ultrapassado, pode ser maldita sem que suas virtudes sejam reconhecidas em seu devido contexto histórico e social.

Quando o objetivo é o atendimento de alunos com necessidades educacionais especiais, muito desse novo discurso tem servido para condenar práticas da educação especial, sem contudo ressaltar que sua trajetória reflete em alto grau a marginalização a que foi submetida pelas políticas educacionais, o que a fez constituir-se também como alternativa com o poder de reiterar o isolamento social daqueles em atendimento por essa modalidade de ensino. Tem ainda aparecido como a grande vilã, responsável quase que isoladamente pela perpetuação de fortes mecanismos de resistência à escolarização de todos em escolas regulares. O que se pode denunciar, com certa garantia de que seja posição consensual, é o descaso com que muitos de nossos governantes ainda tratam a educação de pessoas com necessidades educacionais especiais.

A tradução para inclusão escolar, não raras vezes, tem se restringido no âmbito das práticas, como já assinalado, à garantia da oferta de vagas para alunos com necessidades educacionais especiais em classes comuns. A meu ver, essa distorção conceitual é que tem se configurado, de fato, como um dos principais obstáculos à concretização da tão conclamada educação para todos.

De acordo com as mais recentes normatizações para a educação especial (Res. 2/01), a opção brasileira é por manter os serviços especializados[4] em caráter extraordinário e transitório. Há que

---

4. A LDB 96 estabelece duas categorias de atendimento educacional especializado, em classes, escolas ou "serviços especializados" e "serviços de apoio especializado" na classe regular. A Res. 2/01 assegura classes e escolas especiais e classes hospitalares e o "atendimento em ambiente domiciliar", bem como professor especializado em educação especial, professores-intérpretes das linguagens e códigos aplicáveis, atuação de professores e outros profissionais itinerantes intra e interinstitucionalmente, outros apoios necessários à aprendizagem, à locomoção e à comunicação e salas de recursos como "serviços de apoio pedagógico especializado".

VALÉRIA AMORIM ARANTES (ORG.)

se ter cuidado para que, assim como proposta, a educação inclusiva não se configure apenas em retomada de antigas propostas não realizadas na sua totalidade. Pérez Gomes (2001, p. 22) contribui para esse debate declarando não estar claro se o que nasce é uma negação superadora do velho ou uma radicalização de suas possibilidades não realizadas.

Sem desprezar os embates atuais sobre educação inclusiva – principalmente quanto à sua coexistência ou não com serviços especializados para atendimento paralelo à classe comum –, a proposta de atender a alunos com necessidades educacionais especiais nessas classes implica atentar para mudanças no âmbito dos sistemas de ensino, das unidades escolares, da prática de cada profissional da educação em suas diferentes dimensões e respeitando suas particularidades. Nesse sentido, alguns autores sustentam:

> Vale sempre enfatizar que a inclusão de indivíduos com necessidades educacionais especiais na rede regular de ensino não consiste apenas na sua permanência junto aos demais alunos, nem na negação dos serviços especializados àqueles que deles necessitem. Ao contrário, implica uma reorganização do sistema educacional, o que acarreta a revisão de antigas concepções e paradigmas educacionais na busca de se possibilitar o desenvolvimento cognitivo, cultural e social desses alunos, respeitando suas diferenças e atendendo às suas necessidades. (Glat e Nogueira, 2002, p. 26)

Essas considerações contribuem para melhor contornar os pressupostos que embasam a inclusão escolar, que deve ser caracterizada como um processo, à medida que as soluções vão sendo estruturadas para enfrentar as barreiras impostas à aprendizagem dos alunos, barreiras essas que sempre existirão porque haverá novos ingressantes, e mesmo os alunos já existentes trarão sempre desafios cujas respostas atuais podem não ser suficientes.

No âmbito particular de indicações para sua execução no plano das escolas, para Stainback e Stainback (1999, pp. 21-2), há três componentes práticos interdependentes no ensino inclusivo:

> O primeiro deles é a rede de apoio, o componente organizacional, que envolve a coordenação de equipes e de indivíduos que apoiam uns aos outros através de conexões formais e informais [...]: grupos de serviço baseados na escola, grupos de serviço baseados no distrito e parcerias com as agências comunitárias. O segundo componente é a consulta cooperativa e o trabalho em equipe, o componente de procedimento, que envolve indivíduos de várias especialidades trabalhando juntos para planejar e implementar programas para diferentes alunos em ambientes integrados. O terceiro é a aprendizagem cooperativa, o componente do ensino, que está relacionado à criação de uma atmosfera de aprendizagem em sala de aula em que alunos com vários interesses e habilidades podem atingir seu potencial.

Ainda que na versão desses autores assim sejam apresentados os componentes da educação inclusiva, identifica-se muito de uma visão ingênua representada por discursos mais situados no senso comum, que consideram que a educação inclusiva já aconteceu, pois acreditam que o acesso à classe regular de alunos com necessidades educacionais especiais é suficiente para caracterizá-la. Outros, expressando uma visão pessimista ou descrente, consideram a educação inclusiva irrealizável, justificando que a edu-

VALÉRIA AMORIM ARANTES (ORG.)

cação não tem conseguido contemplar os ditos alunos normais, que dirá "esses" alunos[5]. Há os que, pautados no princípio transformador da escola e da sociedade, defendem a educação inclusiva como um processo gradual de ampliação do atendimento de alunos com necessidades educacionais especiais nas classes comuns, construído com e pela participação contínua e intensiva de vários agentes e agências sociais para que esse fim seja alcançado. Esses propõem a manutenção dos recursos educacionais especiais em paralelo ao desenvolvimento de alternativas que possam ir substituindo as formas atuais de atendimento de alunos com necessidades educacionais especiais. Mas há ainda, ao menos, uma quarta posição, a daqueles que consideram a possibilidade de rupturas com o instituído, propondo que, de imediato, uma única educação se responsabilize pela aprendizagem de todas as crianças.

Ainda marcando as divergências nas formas de conceber a educação inclusiva, Mendes (2002, p. 70) considera que:

> No contexto da educação, o termo inclusão admite, atualmente, significados diversos. Para quem não deseja mudança, ele equivale ao que já existe. Para aqueles que desejam mais, ele significa uma reorganização fundamental do sistema educacional. Enfim, sob a bandeira da inclusão estão práticas e pressupostos bastante distintos, o que garante um consenso apenas aparente e acomoda diferentes posições que, na prática, são extremamente divergentes.

---

5. Um discurso comumente reproduzido em escolas.

INCLUSÃO ESCOLAR: PONTOS E CONTRAPONTOS

Tomando como referência os alunos com necessidades educacionais especiais, a tensão se evidencia pelo confronto de duas posições. De um lado estão os defensores da proposta de uma escola única, que se comprometa com o atendimento de todos os alunos, e, de outro, aqueles que compreendem que a igualdade de oportunidades pode ser traduzida inclusive pela diversidade de opções de atendimento escolar, o que pressupõe a existência de recursos especializados para além daqueles de complementação, de suplementação e de apoio ou suporte à sua permanência na classe comum.

Neste texto, educação inclusiva está colocada como compromisso ético-político, que implica garantir a educação como direito de todos. É preciso frisar que "em uma democracia plena, quantidade é sinal de qualidade social e, se não se tem quantidade total atendida, não se pode falar em qualidade" (Cortella, 1988, p. 14).

Se tomarmos como referência a população com necessidades educacionais especiais, os indicadores de atendimento mostram maior disparidade ainda entre o proposto e o atingido, o que será retratado posteriormente. Enfrentamos também a necessidade de definir os contornos de forma a não suscitar dúvidas em relação a pelo menos três dimensões envolvidas no atendimento à população que requer atendimento educacional especializado: o conceito de educação especial, a população elegível para os serviços de atendimento educacional especializado, o *locus* do atendimento escolar e os recursos e serviços educacionais especiais.

Na LDB 96 e na Res. 2/01 a educação especial é definida como uma modalidade de educação escolar. Em que pesem as controvérsias quanto aos sentidos que podem ser atribuídos ao termo

VALÉRIA AMORIM ARANTES (ORG.)

modalidade, em parte da literatura especializada e em documentos produzidos pela Secretaria de Educação Especial do Ministério da Educação (Seesp/MEC), o entendimento é de que os serviços de educação especial devem ser parte integrante do sistema educacional brasileiro, e sua oferta deve "garantir a educação escolar e promover o desenvolvimento das potencialidades dos educandos que apresentam necessidades educacionais especiais, em todas as etapas e modalidades da educação básica". (Brasil, parecer CNE/CEB nº 17 de 2001[6]). Ferreira (1998), analisando o capítulo V da LDB 96, considera que, tal como definida, a educação especial está mais ligada à educação escolar e ao ensino público. Nessa mesma direção, na Res. 2/01 a educação especial é "um processo educacional definido por uma proposta pedagógica que assegure recursos e serviços educacionais especiais".

Enquanto na CF 88 a expressão de referência era "portadores de deficiência", os documentos posteriormente aprovados ampliam o alcance do dispositivo constitucional com o uso da expressão "necessidades educacionais especiais" (Ferreira, 1998). No parecer 17/01, está assim especificado:

> com a adoção do conceito de necessidades educacionais especiais, afirma-se o compromisso com uma nova abordagem, que tem como horizonte a inclusão. Dentro dessa visão, a ação da educação especial amplia-se, passando a abranger não apenas as dificuldades de aprendizagem relacionadas a condições, disfunções, limitações e deficiências, mas também aquelas não vinculadas a uma causa or-

---

6. Doravante denominado parecer 17/01.

INCLUSÃO ESCOLAR: PONTOS E CONTRAPONTOS

gânica específica, considerando que, por dificuldades cognitivas, psicomotoras e de comportamento, alunos são frequentemente negligenciados ou mesmo excluídos dos apoios escolares.

O preconizado nesse parecer embasou a elaboração do art. 5º da Res. 2/01, cuja redação Mendes considera que "permite interpretar que houve uma tentativa tanto de ampliação da população que deve ser referida a partir de agora para o ensino especial quanto de abandonar as classificações categoriais tradicionais da clientela da Educação Especial, provavelmente em virtude da adoção do conceito de 'necessidades educacionais especiais'" (p. 16).

Todavia é necessário destacar que, tal como apresentada, essa definição abre precedentes para que se continue a indicar o aluno como responsável pelos problemas identificados no seu processo de escolarização e ainda deixa aberta a possibilidade de serem encaminhados inadequadamente para serviços de educação especial. Por outro lado, é importante frisar que "são as necessidades educacionais individuais, globalmente consideradas, confrontadas com os serviços educacionais existentes na comunidade, que devem subsidiar a definição da via ou dos recursos a serem utilizados para a educação de qualquer pessoa" (Mazzotta, 1982, p. 18).

Quanto ao *locus* do atendimento, a CF 88 e a LDB 96 adotam a mesma perspectiva. Estabelecem que o atendimento educacional especializado e a educação especial, como respectivamente estão denominados nesses documentos, devem ser oferecidos "preferencialmente na rede regular de ensino" (art. 208, inc. III e art. 58, respectivamente). Contudo, segundo nos alerta Minto, "*preferen-*

VALÉRIA AMORIM ARANTES (ORG.)

*cialmente* pode ser o termo-chave para o não cumprimento do artigo, pois quem *dá primazia a* já tem arbitrada legalmente a porta de exceção" (p. 9, grifos do autor).

Para a implantação do referido atendimento educacional especializado, a LDB 96 prevê serviços especializados e serviços de apoio especializados (art. 58) e a Res. 2/01 assegura "recursos e serviços educacionais especiais, organizados institucionalmente para apoiar, complementar, suplementar e, em alguns casos, substituir os serviços educacionais comuns..." (art. 3º). No detalhamento dessa proposta, no art. 8º, inc. IV e V dessa resolução, estão previstos como serviços de apoio especializados: professor especializado em educação especial, professores-intérpretes das linguagens e códigos, professores e outros profissionais itinerantes, outros apoios à locomoção e à comunicação e salas de recursos. Nos artigos 9º, 10 e 13, como serviços especializados para uma população que demanda "ajudas e apoios intensos e contínuos" ou "alunos impossibilitados de frequentar as aulas em razão de tratamento de saúde" são asseguradas classes especiais, escolas especiais, classes hospitalares e atendimento em ambiente domiciliar. Embora esse atendimento deva ser oferecido em caráter extraordinário e/ou transitório, a previsão de sua oferta contraria algumas tendências "modernas" pois, tal como estabelecido, as escolas e os sistemas de ensino podem não somente manter, mas criar classes especiais ou escolas especiais, respectivamente.

Se as "imagens" da educação inclusiva, da educação especial, bem como a população elegível para atendimento educacional especializado, os tipos de recursos educacionais especiais e *locus* de atendimento escolar do referido alunado ainda suscitam aclaramento conceitual para que não restem dúvidas quanto às dire-

INCLUSÃO ESCOLAR: PONTOS E CONTRAPONTOS

trizes da política educacional brasileira a serem seguidas, é inegável que o atendimento escolar de alunos com necessidades educacionais especiais deve ser universalizado, que os sistemas de ensino precisam responder melhor às demandas de aprendizagem desses alunos, que aos professores deve ser garantida formação continuada, entre outras ações.

Para dar continuidade ao debate desse tema, o próximo item busca trazer à tona dados sobre o atendimento escolar dessa população no Brasil.

## As condições de atendimento escolar para os estudantes com necessidades educacionais especiais no Brasil[7]

É inegável a expansão no Brasil das matrículas iniciais no ensino fundamental, sobretudo a partir da década de 1990, e, com esse avanço, o centro das preocupações governamentais passou a ser a garantia da qualidade do ensino, já que os resultados de avaliações têm mostrado que a aprendizagem dos alunos está aquém do esperado. Além disso, ainda há violação do direito de acesso à educação, pois muitas crianças e jovens ainda estão fora das escolas.

É preciso pois cumprir com os objetivos estabelecidos na CF 88 para a educação, quais sejam: "erradicação do analfabetismo,

---

7. Há ideias neste texto extraídas de artigos publicados por Prieto na *Revista Undime* (ano VIII, nº 1, 1º sem. 2002) e na *Revista de Educação* (Apeoesp, nº 16, mar. 2003).

49

VALÉRIA AMORIM ARANTES (ORG.)

universalização do atendimento escolar, melhoria da qualidade de ensino, formação para o trabalho e promoção humanística, científica e tecnológica do País".

Precisamos, entre outras providências, conhecer e saber fazer uso dos instrumentos viabilizadores do direito à educação, estabelecidos pela CF 88: o mandado de segurança coletivo, o mandado de injunção e a ação civil pública. Sobre esse assunto, Oliveira (2001, p. 33) analisa que

> a própria declaração desse direito [à educação], pelo menos no que diz respeito à gratuidade, constava já na Constituição Imperial. O que se aperfeiçoou, para além de uma maior precisão jurídica – evidenciada pela redação –, foram os mecanismos capazes de garantir, em termos práticos, os direitos anteriormente enunciados, estes, sim, verdadeiramente inovadores.

Para o autor, "as modernas sociedades democráticas encerram, portanto, uma contradição entre ter de declarar direitos a todos e a resistência social à sua efetivação" (ibidem, p. 42).

Nesse sentido, se tomarmos particularmente o segmento da sociedade genericamente designado como pessoas com necessidades educacionais especiais, pelos dados oficiais apresentados em 2004, a matrícula desse alunado nas classes comuns das escolas regulares representava 34,4%, enquanto 65,6% estavam matriculados em escolas e classes especiais (Brasil, MEC/Inep, 2004). Quanto ao caráter público ou privado desse atendimento, do total de matrículas, 57% correspondiam a escolas públicas e 43% a escolas privadas.

Todavia não dispomos de informações sobre o número de pessoas nessa condição que nunca tiveram acesso a nenhuma dessas formas de atendimento. Por ora, os dados apresentados são suficientes para indicar quanto ainda estamos distantes dos objetivos estabelecidos em 1988 para a educação brasileira.

A política educacional brasileira tem deslocado progressivamente para os municípios parte da responsabilidade administrativa, financeira e pedagógica pelo acesso e permanência de alunos com necessidades educacionais especiais, em decorrência do processo de municipalização do ensino fundamental. Essa diretriz tem provocado alguns impactos no atendimento desse alunado. Algumas prefeituras criaram formas de atendimento educacional especializado, outras ampliaram ou mantiveram seus auxílios e serviços especiais de ensino[8], algumas estão apenas matriculando esses alunos em suas redes de ensino e há ainda as que desativaram alguns serviços prestados, como, por exemplo, a oferta de programas de transporte adaptado.

Ressalte-se, contudo, que alguns estudos, finalizados ou em andamento[9], têm indicado que a tendência dos municípios brasileiros é pela organização de auxílios especiais, sob diferentes denominações e com estrutura e funcionamento distintos. Além disso, a perspectiva anunciada nos documentos de muitos muni-

---

8. Mazzotta (1982, p. 42) emprega a expressão "recursos educacionais especiais" para abranger o que denomina de "auxílios especiais", aqueles proporcionados no ambiente comum ou regular de ensino, e de "serviços especiais", os desenvolvidos em situações mais restritivas ou segregadas.

9. Prieto (2000); Sousa e Prieto (1999); Prieto e Sousa (2004); Prieto *et al.* (2002--6); Prieto *et al.* (2004).

VALÉRIA AMORIM ARANTES (ORG.)

cípios, principalmente desde meados da década de 1990, é de atender aos princípios da educação inclusiva.

Isso deveria, em tese, impor mudanças nas políticas educacionais para que a estrutura e a organização administrativo-pedagógica das escolas pudessem construir propostas que favorecessem a aprendizagem e o desenvolvimento de toda a sua demanda escolar.

Os dados oficiais[10], divulgados pelo MEC/Inep, sobre as matrículas de alunos com necessidades educacionais especiais indicam que entre 1988 e 1998 houve retração na esfera federal da ordem de 65,5%; na esfera estadual, apesar de o número absoluto de matrículas ter aumentado de 82.770 em 1988, para 115.424 em 1998, o atendimento em relação às outras esferas representava 49,8% em 1988 e 34,2% em 1998.

A evolução das matrículas na educação especial, em serviços especializados, registrados nos Censos escolares de 1998 e de 2002, revela que, em 1998, o atendimento era prestado a 293.403 alunos, sendo 155.879 matriculados na rede privada e os demais nas redes públicas (estaduais 91.959; municipais 44.693; federais 872).

Em 2002, das 338.081 matrículas em escolas exclusivamente especializadas ou em classes especiais, 203.367 referem-se a matrículas em estabelecimentos privados; as outras estavam em escolas públicas (76.762 estaduais; 57.164 municipais; 788 federais). Nesse período, a maior responsável pela ampliação

---

10. Dados obtidos no site www.mec.gov.br, mais especificamente os divulgados pelo Instituto Nacional de Estudos e Pesquisas Educacionais (Inep), acessado em novembro de 2002.

INCLUSÃO ESCOLAR: PONTOS E CONTRAPONTOS

progressiva do número de matrículas foi a esfera municipal, revelando crescimento de 452,9%, seguida da rede particular, cujo aumento foi de 127,3%.

Pelo Censo escolar de 2004, o total de matrículas da educação especial era de 566.753, sendo 243.495 em escolas privadas e 323.258 em públicas, assim distribuídas: 849 em escolas federais, 142.085 em estaduais e, novamente predominando, nas escolas municipais 180.324.

A fim de melhor mapear os possíveis significados do cômputo oficial de 2004, focalizando aspectos mais específicos, destaca-se que 371.383 desses alunos estão matriculados em escolas especiais – divididas em públicas (136.711) e privadas (234.672), equivalendo, estas últimas, a 63,2% do total – e 195.370 em escolas comuns, com acentuada vantagem para as públicas: 186.547 matrículas, o que equivale a 95,4% do total para 8.823 em escolas privadas (4,6%).

Dessa forma, no Brasil, o atendimento educacional especializado era, em 2004, desenvolvido na proporção de 1/3 para 2/3, referindo-se a escolas comuns públicas e a escolas exclusivamente especializadas ou em classes especiais, respectivamente.

Considerando que o discurso governamental e a legislação educacional brasileira vêm reforçando o propósito de atender a alunos com necessidades educacionais especiais, preferencialmente na rede regular de ensino, em classes comuns, o que justificaria essa ampliação das matrículas também na rede privada? Seria a demonstração do descompasso entre o discurso pela integração, e, mais recentemente, pela inclusão escolar, e as ações governamentais? Ou o setor privado se configura, na maioria das vezes, como alternativa única quando o aluno apresenta limita-

53

VALÉRIA AMORIM ARANTES (ORG.)

ções mais acentuadas, requerendo recursos e serviços mais específicos e não disponíveis regularmente nas escolas públicas? Essas são apenas algumas das perguntas que continuam sem resposta. Caracterizar e analisar as justificativas para tal resultado é tarefa para as esferas públicas.

Ademais, a base de dados divulgada não registra informações sobre matrículas no ensino superior, mas revela que o atendimento está centrado na educação infantil (109.596 matrículas, que correspondem a 19,3% do total) e no ensino fundamental (365.359, ou 64,4%). Há na EJA (Educação de Jovens e Adultos) e na educação profissional pouco mais de 41.500 matrículas em cada uma dessas modalidades; no ensino médio, as matrículas equivaliam a 1,6%, com apenas 8.381 alunos nesse nível de ensino.

Em síntese, a matrícula inicial na classe comum evoluiu de 1998 a 2002 em 151%. Passamos de um total de 43.923 matrículas, em 1998, para 110.536, em 2002. Já em 2003, em dados aproximados, havia 144.100 alunos com necessidades educacionais especiais nas referidas classes; e, em 2004, 184.800, evidenciando crescimento anual de 28,1% entre esses dois últimos anos.

Cabe registrar que há ausência de dados sobre quantas pessoas no Brasil apresentam de fato necessidades educacionais especiais. Deixa-se em aberto a possibilidade de sabermos que patamar de atendimento foi atingido, pois para isso precisaríamos ter dados sobre os que estão fora da escola, portanto sem nenhum tipo de atendimento escolar. Todavia, dados quantitativos, tal como os aqui apresentados, exigem acréscimo de outros indicadores de qualidade, para que sejam acumulados elementos para aferir a oferta de condições adequadas de ensino. É um dever não cumprido averiguar se, aos alunos com necessidades educacionais especiais, está

54

INCLUSÃO ESCOLAR: PONTOS E CONTRAPONTOS

sendo garantido, além do acesso à escola, o acesso à educação, aqui compreendida como "processo de desenvolvimento da capacidade física, intelectual e moral da criança e do ser humano em geral, visando à sua melhor integração individual e social"[11].

Informações preciosas não estão disponíveis. O registro por tipo de necessidade educacional especial as categoriza em: visual, auditiva, física, mental, múltipla, altas habilidades/superdotados, condutas típicas e outras. No entanto, assim expressas, continuamos sem saber qual a natureza de sua necessidade educacional, tampouco se é especial, ou seja, se demandaria organização de ações específicas para que possa ser atendida. Quanto ao apoio pedagógico oferecido a alguns desses alunos matriculados nas classes comuns, não há declaração sobre o tipo de apoio, sua frequência, que profissionais prestam esse atendimento e qual sua formação, por exemplo, divulgados em publicações oficiais atuais.

Além da importância que assume a obtenção desses dados para a elaboração do planejamento do atendimento aos que apresentam necessidades educacionais especiais e para avaliação das ações implantadas, esses também são essenciais para que se possa caracterizar a distância entre a política proposta e a implantada no Brasil.

Uma ação que deve marcar as políticas públicas de educação é a formação dos profissionais da educação. No próximo item deste texto esse tema será abordado tendo como referência o atendimento de alunos com necessidades educacionais especiais no ensino regular.

---

11. Ferreira. *Dicionário Aurélio básico da língua portuguesa*, 1995.

VALÉRIA AMORIM ARANTES (ORG.)

# Formação de profissionais da educação para trabalhar com o atendimento de alunos com necessidades educacionais especiais no sistema regular de ensino[12]

A formação de profissionais da educação é tema de destacado valor quando a perspectiva do sistema de ensino é garantir a matrícula de todos os alunos no ensino regular, particularmente na classe comum.

Sem deixar de considerar que em educação atuam profissionais no âmbito técnico-administrativo e em outras funções, com importante papel no desenvolvimento de ações educacionais, o foco desse texto será a formação de professores, especialmente os das redes públicas de ensino, com ênfase no atendimento de alunos com necessidades educacionais especiais.

Na LDB 96 são previstos "professores com especialização adequada em nível médio ou superior, para atendimento especializado, bem como professores do ensino regular capacitados para a integração desses educandos nas classes comuns" (art. 58, III). Destaque-se que essa lei admite formação em nível médio, contrariando a orientação geral para o magistério, a qual tem estimulado ou exigido a formação no ensino superior. Segundo Sousa e Prieto (2002, p. 131), "tal constatação causa estranheza

---

12. A referência deste item é o artigo de Prieto, "Formação de professores para o atendimento de alunos com necessidades educacionais especiais: diretrizes nacionais para a educação básica e a educação especial" (In: *Políticas públicas: educação, tecnologias e pessoas com deficiências*, Shirley Silva e Marli Vizim (orgs.). Campinas, Mercado das Letras, 2003).

# INCLUSÃO ESCOLAR: PONTOS E CONTRAPONTOS

quando se trata da formação de um profissional que, para além do domínio de habilidades exigidas para o exercício profissional no ensino comum, deverá ter qualificação para concretizar o 'especial' da educação".

A expansão do acesso de alunos com necessidades educacionais especiais[13] às classes comuns, constatável principalmente desde a última década do século XX, demanda investimentos de diversas naturezas para também assegurar sua permanência, compreendida como aprendizagem e desenvolvimento. Nesse sentido, Xavier (2002, p. 19) considera que:

> A construção da competência do professor para responder com qualidade às necessidades educacionais especiais de seus alunos em uma escola inclusiva, pela mediação da ética, responde à necessidade social e histórica de superação das práticas pedagógicas que discriminam, segregam e excluem, e, ao mesmo tempo, configura, na ação educativa, o vetor de transformação social para a equidade, a solidariedade, a cidadania.

A formação continuada do professor deve ser um compromisso dos sistemas de ensino comprometidos com a qualidade do ensino que, nessa perspectiva, devem assegurar que sejam aptos a elaborar e a implantar novas propostas e práticas de ensino para responder às características de seus alunos, incluindo aquelas evidenciadas pelos alunos com necessidades educacionais especiais.

---

13. Mais especificamente, os dados censitários oficiais adotam essa denominação para apresentar dados de matrícula de alunos com deficiência, com condutas típicas, com altas habilidades ou superdotação.

VALÉRIA AMORIM ARANTES (ORG.)

Assim, os professores devem ser capazes de analisar os domínios de conhecimentos atuais dos alunos, as diferentes necessidades demandadas nos seus processos de aprendizagem, bem como, com base pelo menos nessas duas referências, elaborar atividades, criar ou adaptar materiais, além de prever formas de avaliar os alunos para que as informações sirvam para retroalimentar seu planejamento e aprimorar o atendimento aos alunos.

Um dos âmbitos que explicitam as orientações para a formação continuada de professores está no plano do instituído legalmente. Dessa maneira, analisaremos as diretrizes nacionais para a formação continuada de professores para o atendimento de alunos com necessidades educacionais especiais nas classes comuns. Os documentos de referência serão: a lei nº 10.172, de 9 de janeiro de 2001, que apresenta o *Plano Nacional de Educação* (PNE 01), e a resolução nº 2 do CNE/Câmara de Educação Básica (CEB), de 11 de setembro de 2001, que institui as *Diretrizes Nacionais para a Educação Especial na Educação Básica*.

Os conhecimentos sobre o ensino de alunos com necessidades educacionais especiais não podem ser de domínio apenas de alguns "especialistas", e sim apropriados pelo maior número possível de profissionais da educação, idealmente por todos. Todavia, se considerarmos que o atendimento do referido alunado em classes comuns é a determinação privilegiada nos últimos anos, podemos afirmar que ainda há muitos professores dos sistemas de ensino com pouca familiaridade teórica e prática sobre o assunto. Muitos deles, quando completaram seus estudos para o exercício do magistério, não tiveram acesso a esses conhecimentos, o que era tratado em estudos complementares realizados no geral em habilitações do curso de pedagogia.

# INCLUSÃO ESCOLAR: PONTOS E CONTRAPONTOS

Contudo, o conhecimento dos domínios teóricos e práticos dos professores é essencial para subsidiar a formulação de políticas para sua continuada formação pelos sistemas de ensino. Isso impõe a necessidade de levantar informações sobre esses para, pelo menos, identificar seu perfil acadêmico e sua experiência com alunos que apresentam necessidades educacionais especiais[14] e projetar formas de lhes prover esse conhecimento, aproximando o conteúdo da formação às suas expectativas e necessidades.

Ainda é preciso conjugar os objetivos maiores para a educação naquele sistema de ensino ao que se pretende oferecer enquanto conteúdo nos programas de formação, visando a que as mudanças sejam refletidas pelo conjunto dos professores e acompanhadas de sustentação teórico-prática, e não impostas à sua revelia. Não há como mudar práticas de professores sem que os mesmos tenham consciência de suas razões e benefícios, tanto para os alunos, para a escola e para o sistema de ensino quanto para seu desenvolvimento profissional.

---

14. Outra definição dessa expressão, mais recente, é apresentada no art. 5º da Res. 2/01 em que "consideram-se educandos com necessidades educacionais especiais os que, durante o processo educacional, apresentarem:
I - dificuldades acentuadas de aprendizagem ou limitações no processo de desenvolvimento que dificultem o acompanhamento das atividades curriculares, compreendidas em dois grupos:
a) aquelas não vinculadas a uma causa orgânica específica;
b) aquelas relacionadas a condições, disfunções, limitações ou deficiências;
II – dificuldades de comunicação e sinalização diferenciadas dos demais alunos, demandando a utilização de linguagens e códigos aplicáveis;
III - altas habilidades/superdotação, grande facilidade de aprendizagem que os leve a dominar rapidamente conceitos, procedimentos e atitudes".

VALÉRIA AMORIM ARANTES (ORG.)

Para Glat e Nogueira (2002, p. 25), se a pretensão é "garantir educação para todos, independentemente de suas especificidades", deve-se asseverar

a oferta de uma formação que possibilite aos professores analisar, acompanhar e contribuir para o aprimoramento dos processos regulares de escolarização, no sentido de que possam dar conta das mais diversas diferenças existentes entre seus alunos.

Uma das competências previstas para os professores manejarem suas classes é considerar as diferenças individuais dos alunos e suas implicações pedagógicas como condição indispensável para a elaboração do planejamento e para a implantação de propostas de ensino e de avaliação da aprendizagem, condizentes e responsivas às suas características.

Todo plano de formação deve servir para que os professores se tornem aptos ao ensino de toda a demanda escolar. Dessa forma, seu conhecimento deve ultrapassar a aceitação de que a classe comum é, para os alunos com necessidades educacionais especiais, um mero espaço de socialização.

O primeiro equívoco que pode estar associado a essa ideia é o de que alguns vão à escola para aprender e outros unicamente para se socializar. Escola é espaço de aprendizagem para todos!

Na escola, muitas vezes são associados diferentes valores à socialização e à instrução. Assim, são priorizados os conhecimentos de determinadas áreas, fundamentalmente a de matemática e a de língua portuguesa, em detrimento de compor o currículo com outros campos do conhecimento ou explorando atividades mais diversificadas. Entretanto, uma preocupação

INCLUSÃO ESCOLAR: PONTOS E CONTRAPONTOS

central é a associação da socialização como algo que acontece pelo simples fato de pessoas fazerem uso do mesmo espaço, no caso o escolar. Isso pode estar referendando o pressuposto de que não devam ser intencionalmente desenvolvidas atividades que potencializem o convívio e a aceitação mútua entre alunos e professores. Ao reunir pessoas de diferentes origens socioeconômicas, culturais, religiosas e com características individuais diversas, a escola e seus professores têm de planejar atividades favorecedoras da socialização, pensando-a como "processo de adaptação de um indivíduo a um grupo social e, em particular, de uma criança à vida em grupo"[15].

Em síntese, a elaboração de políticas de formação de professores, além de considerar essas indicações, também conta com algumas orientações legais que a seguir serão resgatadas.

Uma delas, apresentada no item "Diretrizes" do PNE 01, estabelece como prioridade a formação de

recursos humanos com capacidade de oferecer o atendimento aos educandos especiais nas creches, pré-escolas, centros de educação infantil, escolas regulares de ensino fundamental, médio e superior, bem como em instituições especializadas e outras instituições.

Com o propósito de atingir esse fim, nos "Objetivos e metas" do PNE 01 constam:

2. Generalizar, em cinco anos, como parte dos programas de formação em serviço, a oferta de cursos sobre o atendimento bási-

---

15. Ferreira. *Dicionário Aurélio básico da língua portuguesa*, 1995.

VALÉRIA AMORIM ARANTES (ORG.)

co a educandos especiais, para os professores em exercício na educação infantil e no ensino fundamental, utilizando inclusive a TV Escola e outros programas de educação a distância.

16. Assegurar a inclusão, no projeto pedagógico das unidades escolares, do atendimento às necessidades educacionais especiais de seus alunos, definindo os recursos disponíveis e oferecendo formação em serviço aos professores em exercício.

Além dos riscos encontrados na não implantação do instituído legalmente, deve-se evitar que a formação em serviço, tal como denominada nessa lei, se restrinja à modalidade de ensino a distância pois, como as barreiras psicossociais podem se constituir em impedimentos cruciais ao acesso e à permanência dos alunos com necessidades educacionais especiais, é salutar questionar se mudanças de atitudes e valores dos professores, bem como de sua percepção da representação social dessas pessoas, podem ser enfrentadas por programas não presenciais.

No mais, o item 16 tem redação dúbia, em que tanto se pode interpretar que é função da escola a oferta de formação em serviço aos professores em exercício quanto (ou também) que nos horários de trabalho coletivo previstos em certas jornadas de professores um tema seja o atendimento de alunos com necessidades educacionais especiais.

Esses questionamentos indicam que, de fato, esse documento precisa ser retomado e, à luz de contribuições dos profissionais da educação, revisto para melhor expressar os compromissos dos professores, dos demais profissionais, dos gestores das escolas e dos do sistema de ensino, entre outros; enfim, para que não res-

INCLUSÃO ESCOLAR: PONTOS E CONTRAPONTOS

tem dúvidas sobre as competências delegadas a cada instância do sistema de ensino. Reiterando dispositivo da LDB 96, a Res. 2/01 (art. 18) define que professores para serem considerados capacitados a atender alunos com necessidades educacionais especiais na classe comum devem comprovar "que, em sua formação, de nível médio ou superior, foram incluídos conteúdos sobre educação especial". Para evitar que a responsabilidade pela capacitação recaia sobre os professores, não seria mais adequado que a redação desse dispositivo previsse que "os professores devem ser capacitados pelos respectivos sistemas públicos de ensino aos quais estão afiliados ou pela parceria dos mesmos com instituições formadoras de professores"? (Prieto, 2003). Para Glat e Nogueira,

> As políticas públicas para a inclusão devem ser concretizadas na forma de programas de capacitação e acompanhamento contínuo, que orientem o trabalho docente na perspectiva da diminuição gradativa da exclusão escolar, o que visa a beneficiar não apenas os alunos com necessidades especiais, mas, de uma forma geral, a educação escolar como um todo. (2002, p. 27)

Retomando o documento, a referida formação deve garantir o desenvolvimento de competências e valores para:

I - perceber as necessidades educacionais especiais dos alunos e valorizar a educação inclusiva;
II - flexibilizar a ação pedagógica nas diferentes áreas de conhecimento de modo adequado às necessidades especiais de aprendizagem;

VALÉRIA AMORIM ARANTES (ORG.)

III - avaliar continuamente a eficácia do processo educativo para o atendimento de necessidades educacionais especiais;
IV - atuar em equipe, inclusive com professores especializados em educação especial. (Brasil, Res. 2/01, § 2°)

Essas indicações, no entanto, precisam ser ampla e profundamente debatidas, além de sustentadas por referenciais teóricos específicos, pois necessitam de tradução para uma linguagem que mostre suas diferentes possibilidades de implantação. Somente para registrar algumas inquietações, que práticas de ensino podem garantir a percepção das necessidades dos alunos? Qual compreensão de educação inclusiva está sendo adotada e, consequentemente, pode ser valorizada pelos professores? De que formas, em suma, a flexibilização da ação pedagógica pode ser interpretada?

Se recorrermos ao art. 8º dessa resolução, cujo teor está abaixo registrado, teremos outras tantas definições a serem construídas em nível dos sistemas de ensino.

As escolas da rede regular de ensino devem prever e prover na organização de suas classes comuns:
III - flexibilizações e adaptações curriculares que considerem o significado prático e instrumental dos conteúdos básicos, metodologias de ensino e recursos didáticos diferenciados e processos de avaliação adequados ao desenvolvimento de alunos que apresentam necessidades educacionais especiais, em consonância com o projeto pedagógico da escola, respeitada a frequência obrigatória.

Uma das definições deve ser alcançada pelos significados atribuídos às adaptações curriculares, que não podem se concretizar

INCLUSÃO ESCOLAR: PONTOS E CONTRAPONTOS

pela mera redução de conteúdos. Afinal, torná-lo *prático e instrumental* significa exatamente o quê? Enfim, cada uma das registradas indicações precisa ser definida pelos sistemas de ensino para que os projetos pedagógicos de suas escolas possam contemplá-la, e seus professores, nas classes, tenham compreensão de seu desdobramento no cotidiano de sua intervenção pedagógica.

Cabe ressaltar que o conjunto de questionamentos e ideias apresentadas neste item do texto reflete algumas das inquietações que podem advir da análise das normatizações em vigência para a educação brasileira. Essas normatizações, por permitirem, tal como estão elaboradas, diferentes desdobramentos na sua implantação, indicam a necessidade de ampliarmos o debate e investirmos em produções de registros que avaliem o atual perfil das políticas públicas de atendimento a alunos com necessidades educacionais especiais. Precisamos de mais estudos sobre os impactos das ações no âmbito dos sistemas de ensino, e que estes orientem também os programas de formação continuada de professores.

## Considerações finais

Uma das constatações possíveis neste momento da reflexão é que nossas tarefas ainda são inúmeras, mas devemos identificar prioridades, denunciar ações reprodutoras de iguais atitudes sociais para com essas pessoas, acompanhar ações do poder público em educação, cobrar compromissos firmados pelos governantes em suas campanhas eleitorais e em seus planos de governo, além de ampliar e sedimentar espaços de participação coletiva e juntar forças para resistir e avançar na construção de uma sociedade justa, cujos valores humanos predominem sobre os de mercado.

Tomando como base os indicadores de qualidade de vida da população nas últimas décadas e as consequências da adoção da agenda econômica neoliberal em países com características como as do Brasil[16], com elevadíssima desigualdade social, o discurso em prol de uma escola que acolha a todos parece caminhar na contramão do que vem sendo instituído, ou seja, preconizamos a inclusão escolar como componente da inclusão social num contexto histórico e social em que estamos constantemente ameaçados pela expansão da exclusão econômica e social.

Em que pesem as divergências nos discursos e nas propostas, para alcançarmos a tão conclamada qualidade de ensino, também pela universalização do acesso à educação e pela democratização do conhecimento, deve-se exigir a revisão do papel do Estado, garantindo que assuma como prioridade a administração e o financiamento de políticas sociais, particularmente as de educação.

O que se deve evitar é o descompromisso do poder público com a educação e que a inclusão escolar acabe sendo traduzida como mero ingresso de alunos com necessidades educacionais especiais nas classes comuns. O risco é que, dizendo-se norteado pelo atendimento à normativa que confere direito de todos à educação, o poder público não promova o atendimento às demandas escolares de alguns alunos, negando-lhes o que de fato pode ser conce-

---

16. No início da década de 1990, o Brasil adotou uma agenda com políticas de ajuste econômico, cuja consequência tem sido a contenção de gastos com políticas públicas de cunho social, incluindo a não aplicação de verbas em educação em proporção suficiente para garantir qualidade de ensino.

INCLUSÃO ESCOLAR: PONTOS E CONTRAPONTOS

bido como educação. Por outro lado, há sistemas de ensino que têm se apropriado da "bandeira" denominada "educação inclusiva", associando a essa expressão a ruptura com mecanismos sociais e escolares que vêm expulsando ou impedindo a entrada de alunos que não se enquadram nos padrões de normalidade constituídos socialmente, bem como na estrutura e na organização física, administrativa e pedagógica das escolas.

A distorção de sentido de uma bandeira defendida há anos, a educação como direito de todos, pode dificultar a compreensão do significado, das implicações e das responsabilidades de todos em relação à efetivação da educação inclusiva.

A mera matrícula de alunos com necessidades educacionais especiais pode acentuar a resistência de alguns profissionais da educação e não contribuir para que os sistemas de ensino e suas escolas se constituam também em espaços para a educação para esses alunos em classes regulares. Além disso, assim interpretada, desconsidera a história da educação especial no Brasil retratada por vários autores (Januzzi, 1992, 2004; Mazzotta, 1996; Bueno, 1993), que há muito mobilizam esforços para que esse alunado possa estar em classes comuns, com suas necessidades educacionais supridas.

O anúncio de que a denominada "educação de excepcionais" deveria enquadrar-se no sistema geral de educação, a fim de integrá-los na comunidade, data da década de 1960 (LDB 4.024 de 1961, título X, art. 88). Todavia foi também a partir dessa mesma época que houve uma expansão mais expressiva de serviços de atendimento especializados paralelos ao ensino regular, de cunho filantrópico e nem sempre de caráter educacional. Convivemos desde então com o ensino traduzido pela dicotomia comum e es-

VALÉRIA AMORIM ARANTES (ORG.)

pecial, sem que tenhamos condições de aliviar as tensões daí decorrentes. Esse confronto tem se evidenciado com mais peso depois que se intensificaram os debates acerca do direito de os alunos com necessidades educacionais especiais terem sua escolaridade processada em classes comuns.

Um enfrentamento é na redefinição dos fins da educação especial, cujo perfil dos atendimentos deve assegurar, principalmente, que a escolarização dos alunos com necessidades educacionais especiais seja como a dos demais alunos. Assim, é preciso atentar para que seus profissionais sejam capacitados para atuar no sistema regular de ensino junto às escolas, uma prática que eles não carregam como herança e, portanto, tem de ser objeto de formação continuada, prevendo que sua intervenção, no âmbito das escolas, esteja assentada em práticas de ensino a serem desenvolvidas com esses alunos em turmas do ensino regular. Ainda entre outras possíveis atribuições, precisam reorientar seu conhecimento e sua prática para atuar em cargos administrativos em diversos órgãos dos sistemas públicos de ensino, a fim de construir políticas de educação para todos, além de realizar atividades de assessoria e acompanhamento de planejamento e de implantação de políticas educacionais públicas que visem a atender com qualidade as demandas desses alunos.

Sua formação deve possibilitar-lhes a disseminação de conhecimentos sobre pessoas com necessidades educacionais especiais, pela elaboração de referenciais teórico-práticos sobre a aprendizagem e o ensino dessa população e pela construção de referenciais de ação político-administrativa com vistas a, de fato, garantir educação para todos.

Em síntese, pode-se constatar na legislação nacional após 1988

INCLUSÃO ESCOLAR: PONTOS E CONTRAPONTOS

a reiteração do princípio do atendimento dos alunos com necessidades educacionais especiais na rede regular de ensino, pela preservação do *continuum* de recursos especiais, tanto os de apoio quanto os especializados.

Dois grandes desafios de imediato estão colocados para os sistemas de ensino e para a sociedade brasileira: fazer que os direitos ultrapassem o plano do meramente instituído legalmente e construir respostas educacionais que atendam às necessidades dos alunos. As mudanças a ser implantadas devem ser assumidas como parte da responsabilidade tanto da sociedade civil quanto dos representantes do poder público, pois se, por um lado, garantir educação de qualidade para todos implica somar atuações de várias instâncias, setores e agentes sociais, por outro, seus resultados poderão ser desfrutados por todos, já que a educação escolar pode propiciar meios que possibilitem transformações na busca da melhoria da qualidade de vida da população. E isso é de interesse de todos!

## Referências bibliográficas

ARANHA, MARIA SALETE FABIO. "Paradigmas da relação da sociedade com as pessoas com deficiência". In: *Revista do Ministério Público do Trabalho*. Brasília, ano XI, n° 21, pp. 160-73, mar. 2001.

BRASIL.Congresso Nacional. *Constituição da República Federativa do Brasil*. Brasília: Senado Federal, Centro Gráfico, 1988.

BRASIL. Congresso Nacional. *Lei de Diretrizes e Bases da Educação Nacional* – LDB n° 9.394, de 20 de dezembro de 1996. Brasília: Diário Oficial da União de 23 de dezembro de 1996.

BRASIL. Conselho Nacional de Educação, Câmara de Educação Básica. *Diretrizes Nacionais para a Educação Especial na Educação Básica,* Resolução CNE/CEB nº 2 de 11 de setembro de 2001. Brasília: Diário Oficial da União de 14 de setembro de 2001.

BRASIL. Ministério da Educação, Secretaria de Educação Especial. *Política Nacional de Educação Especial.* Brasília: MEC/Seesp, 1994 (livro 1).

BRASIL. Ministério da Educação e do Desporto. *Plano Nacional de Educação.* Lei nº 10.172 de 9 de janeiro de 2001. Brasília: Diário Oficial da União de 10 de janeiro de 2001.

BRASIL. Ministério da Educação, Secretaria de Educação Especial. *Diretrizes Nacionais para a Educação Especial na Educação Básica,* Parecer nº 17 de 3 de julho de 2001. Brasília: MEC/Seesp, 2001.

BRASIL. Ministério da Educação e do Desporto, Instituto Nacional de Estudos e Pesquisas Educacionais. *Sinopses Estatísticas da Educação Básica/Censo Escolar.* Brasília: MEC/Inep, 2004.

BUENO, JOSÉ GERALDO SILVEIRA. *Educação especial brasileira: integração: segregação do aluno diferente.* São Paulo: Educ, 1993.

CORTELLA, MARIO SÉRGIO. *A escola e o conhecimento: fundamentos epistemológicos e políticos.* São Paulo: Cortez, 1998.

FERREIRA, AURÉLIO BUARQUE DE HOLANDA. *Dicionário Aurélio básico de língua portuguesa.* São Paulo/Rio de Janeiro, Folha de S.Paulo/Nova Fronteira, 1995.

FERREIRA, JULIO ROMEIRO. "A nova LDB e as necessidades educativas especiais". In: *Caderno Cedes,* nº 46. São Paulo/Campinas: Centro de Estudos Educação e Sociedade da Unicamp, 1998, pp. 7-15.

GLAT, ROSANA E NOGUEIRA, MÁRIO LÚCIO DE LIMA. "Políticas educacionais e a formação de professores para a educação inclusiva no Brasil". In: *Revista Integração*. Brasília: Ministério da Educação/Secretaria de Educação Especial, ano 14, nº 24, 2002.

GONZÁLEZ, JOSÉ ANTONIO TORRES. *Educação e diversidade: bases didáticas e organizativas*. Porto Alegre: Artmed, 2001.

JANNUZZI, GILBERTA SAMPAIO DE MARTINO. *A luta pela educação do deficiente mental no Brasil*. Coleção Educação Contemporânea. Campinas: Autores Associados, 2ª ed., 1992.

———. *A educação do deficiente no Brasil: dos primórdios ao início do século XXI*. Campinas: Autores Associados, 2004.

MAZZOTTA, MARCOS JOSÉ DA SILVEIRA. *Fundamentos de educação especial*. São Paulo: Pioneira, 1982.

———. *Evolução da educação especial e as tendências da formação de professores de excepcionais no estado de São Paulo*. 1989. Tese (Doutorado) – Faculdade de Educação da Universidade de São Paulo, São Paulo, SP.

———. *Educação especial no Brasil: história e políticas públicas*. São Paulo: Cortez, 1996.

MENDES, ENICÉIA GONÇALVEZ. "Desafios atuais na formação do professor de educação especial". In: *Revista Integração*. Brasília: Ministério da Educação/Secretaria de Educação Especial, ano 14, nº 24, 2002.

MINTO, CÉSAR AUGUSTO. "Educação especial: da LDB aos Planos Nacionais de Educação do MEC e Proposta da Sociedade Brasileira". In: *Revista Brasileira de Educação Especial*, v. 6, nº 1. São Paulo/Marília: Unesp Marília Publicações, 2000, pp. 1-26.

OLIVEIRA, ROMUALDO PORTELA DE e ADRIÃO, THERESA (orgs.). *Gestão, financiamento e direito à educação: análise da LDB e da Constituição Federal*. São Paulo: Xamã, 2001.

VALÉRIA AMORIM ARANTES (ORG.)

PÉREZ GÓMES, A. I. *A cultura escolar na sociedade neoliberal*. Porto Alegre: Artmed, 2001.

PRIETO, ROSÂNGELA GAVIOLI. *Política educacional do município de São Paulo: estudo sobre o atendimento de alunos com necessidades educativas especiais, no período de 1986 a 1996*. 2000. Tese (Doutorado) – Faculdade de Educação, Universidade de São Paulo, São Paulo, SP.

_____. "Atendimento escolar de alunos com necessidades educacionais especiais: indicadores para análise de políticas públicas". In: *Revista Undime*, ano III, n° 1. Rio de Janeiro, 1º semestre de 2002, pp. 5-14.

_____. "Políticas públicas de inclusão: compromissos do poder público, da escola e dos professores". In *Revista de Educação*, n° 16. São Paulo: Apeoesp, mar. 2003, pp. 5-14 e 23-8.

_____. "Formação de professores para o atendimento de alunos com necessidades educacionais especiais: Diretrizes nacionais para a educação básica e a educação especial". In: SILVA, SHIRLEY e VIZIM, MARLI (orgs.). *Políticas públicas: educação, tecnologias e pessoas com deficiências*, Coleção Leituras do Brasil. Campinas: Mercado das Letras, 2003, pp. 125-51.

_____. *et al.* "Educação inclusiva: o desafio de ampliar o atendimento de alunos com qualidade e a formação docente". Pesquisa financiada pela Fapesp, 2002-6.

_____. *et al.* "Políticas de inclusão escolar no Brasil: descrição e análise de sua implementação em municípios de diferentes regiões". Anais da 27ª Reunião Anual da Associação Nacional de Pós-Graduação e Pesquisa em Educação (Anped), 2004.

_____. e SOUSA, SANDRA MARIA ZÁKIA LIAN. "Educação especial no município de São Paulo: acompanhamento da trajetória escolar de alunos no ensino regular". Anais da 27ª Reunião Anual da Associação Nacional de Pós-Graduação e Pesquisa em Educação ( Anped), 2004.

STAINBACK, WILLIAM E STAINBACK, SUSAN. *Inclusão: um guia para educadores.* Porto Alegre: Artmed, 1999.

SOUZA, SANDRA MARIA ZÁKIA LIAN E PRIETO, ROSÂNGELA GAVIOLI. "Política de atendimento aos alunos com necessidades educacionais especiais da rede municipal de ensino de São Paulo, implementada a partir de 1993: caracterização e análise das SAPNEs direcionadas ao portador de deficiência mental". Trabalho apresentado na 22ª Reunião Anual da Associação de Pós-Graduação e Pesquisa em Educação ( Anped), set. 1999.

_____. "A educação especial". In: OLIVEIRA, ROMUALDO PORTELA DE E ADRIÃO, THERESA (orgs.). *Organização do ensino no Brasil.* Coleção Legislação e Política Educacional, v. 2. São Paulo: Xamã, 2002, pp. 123-37.

XAVIER, ALEXANDRE GUEDES PEREIRA. "Ética, técnica e política: a competência docente na proposta inclusiva". In: *Revista Integração*, ano 14, nº 24. Brasília: Ministério da Educação/ Secretaria de Educação Especial, 2002.

# PARTE II
## Pontuando e contrapondo

*Maria Teresa Eglér Mantoan*
*Rosângela Gavioli Prieto*

**Rosângela:** Professora Maria Teresa, a leitura de seu texto suscitou algumas questões das quais pretendo, nesta oportunidade, obter maiores esclarecimentos por meio do espaço de diálogo proporcionado pelo formato desta obra. Começo por sugerir que nos forneça mais elementos sobre o caráter benéfico e o moralmente indiferente das desigualdades naturais, se possível inclusive situando-as primeiramente.

**Maria Teresa:** As desigualdades naturais são benéficas porque revelam as marcas de novos possíveis na nossa espécie. Elas nos livram da uniformidade e conferem aos seres humanos uma peculiaridade que nos distingue interna e externamente e de outros seres, por mais que eles se aproximem de todos nós, nas escalas biológicas de comparação. Escapam-nos, como membros dessa espécie, as condições de julgar moralmente as desigualdades naturais, dado que elas são produzidas pelo agir da natureza, diante de uma inusitada composição de fatores intervenientes de criação, que ainda pretendemos controlar (não estamos sendo clonados, por enquanto!).

Já as desigualdades sociais são produzidas e decorrentes de fatores que envolvem diretamente o controle e a interferência humana e, portanto, passíveis de serem moralmente consideradas.

Sobre a desconstrução do modelo escolar que perpetua as desigualdades sociais, como é este que temos hoje em todos os níveis de ensino, pensamos que é preciso agir o mais rápido possível para reparar essas desigualdades, pois não são justas e geram situações que devem ser revertidas, para o bem de todos os alunos e da sociedade em geral. Se o fato de ser negra e pobre, por exemplo, impede uma pessoa de ter acesso à escola e também de prosseguir seus estudos, há que existir justiça racial e social para reverter essa situação moralmente inconcebível. Por outro lado, ser negro, em relação a pessoas de outras raças, reforça as variações sobre um mesmo tema que a natureza é capaz de criar, com as notas de nossa espécie, não cabendo nenhuma regulação moral nessa capacidade infinita de composições possíveis.

**Rosângela:** Outra ideia presente em seu texto é a possibilidade colocada para a escola de "romper com o modelo educacional elitista". Quais são os referenciais teóricos que sustentam essa condição de *ruptura* com o instituído socialmente e o valorizado culturalmente como padrão de funcionamento das instituições sociais? Isso não pressupõe a ausência de limites para a atuação "autônoma" da escola na busca de construção de um projeto que indique outras rotas educacionais?

**Maria Teresa:** Para romper com o instituído na instituição escolar, caminhamos pelas trilhas das identidades móveis, pelos estudos culturais e adotamos propostas sugeridas por um ensino não disciplinar, transversal, e que configura uma rede complexa de relações entre os conhecimentos e os sentidos atribuídos pelo sujeito a um dado objeto. Esses pilares de nossa redefinição da escola

INCLUSÃO ESCOLAR: PONTOS E CONTRAPONTOS

estão fincados em novos paradigmas educacionais e implicados nas ideias de autores contemporâneos, tais como Hall, McLaren, Souza Santos, Freire, Bauman, Morin, Prigogine, Lyotard. A teoria da equilibração piagetiana nos assegura a firmeza dessa reconstrução e nos esclarece sobre o papel da interação social como fonte de toda possibilidade de transformação intelectual, mas sem retirar do sujeito a autoria de suas ideias. Esses e outros autores que nos propiciam a adoção de uma linha conceptual inclusiva de educação também nos apoiam no delineamento do cenário escolar inclusivo. A pedagogia freinetiana está entre as nossas referências pedagógicas, por ter como eixos o trabalho, a cooperação, a livre expressão e a autonomia.

Negamos o agrupamento dos alunos em categorias educacionais, psicológicas e escalas de desenvolvimento atribuídas universalmente e entendemos que esses essencialismos não condizem com um sistema cognitivo aberto e autorregulado pelo sujeito do conhecimento. Nesse novo ambiente educacional, as ambivalências, as ambiguidades, as diferenças, a multiplicidade não são mais insuportáveis, negadas, desvalorizadas pelo primado da racionalidade moderna.

**Rosângela:** Quais são as "armadilhas" a ser enfrentadas na construção de uma educação que valorize, respeite e incorpore a diversidade humana como ingrediente do processo de aprendizagem e que sustente a afirmação "combinar igualdade e diferenças no processo escolar é andar no fio da navalha"?

**Maria Teresa:** Como dissemos, livrar-se da armadilha das diferenças é saber quando mostrá-las e quando escondê-las. A garan-

VALÉRIA AMORIM ARANTES (ORG.)

tia do acesso à educação escolar implica escondê-las, para que se legitime o direito à igualdade de aprender em uma mesma turma, em escolas comuns de ensino regular. Ocorre que a inclusão ultrapassa a legitimação desse direito, ao exigir não apenas a matrícula escolar, mas o prosseguimento dos estudos até os níveis mais elevados da criação artística, da produção científica, da tecnologia. Há, então, que se reconhecer as peculiaridades dos alunos, isto é, as suas diferenças. Nesse sentido, é preciso mostrá-las, porém sem discriminá-las nem inferiorizá-las.

As propostas educacionais inclusivas exigem uma atenção constante dos professores para que não seja ferido o direito humano e indisponível de todos os alunos ao ensino escolar comum. Esse direito envolve necessariamente uma reorganização pedagógica das escolas. Nessa reorganização é fundamental não mudar o ensino especial de lugar, introduzindo-o nas salas de aula de ensino regular, como frequentemente acontece. Soluções rotineiras, usuais, como as adaptações curriculares, o ensino itinerante e outras saídas adotadas para atender aos alunos com deficiência e/ou dificuldades de aprender são excludentes e diferenciam os alunos pela deficiência; elas podem ser consideradas atos de discriminação pela Convenção Interamericana para a Eliminação de Todas as Formas de Discriminação Contra a Pessoa Portadora de Deficiência, da qual o Brasil é signatário e que foi interiorizada em nossas leis, em 2001. Essa Convenção deixa clara a impossibilidade de tratamento desigual com base nas diferenças.

As transformações exigidas pela inclusão se estendem a todos os alunos de uma turma e reconhecem a capacidade de adaptação intelectual desses aprendizes aos conhecimentos escolares, independentemente dos níveis de compreensão a que consigam

INCLUSÃO ESCOLAR: PONTOS E CONTRAPONTOS

chegar. Suas práticas "escondem" as diferenças, pois não admitem o ensino, a avaliação e outros procedimentos diversificados para alguns, e permitem que as diferenças sejam "mostradas" por meio do leque infinito das diferentes respostas dos alunos às atividades, estas, sim, diversificadas, pelas quais um dado conteúdo é apresentado, coletivamente, à turma toda. As diferenças podem ainda ser "mostradas" no oferecimento do atendimento educacional especializado para alunos com deficiência, desde que esse atendimento não substitua o ensino regular, mas seja um complemento da educação escolar, assegurando a esses alunos a inclusão em escolas comuns. A experiência da diferença precisa ser vivida nas escolas, para que se exercite o equilíbrio entre o *yin* e o *yang* dos processos educativos e consigamos vencer os desafios de nos equilibrar na afiada lâmina da inclusão.

**Rosângela:** Ao defender a ideia de que as escolas especiais complementam e não substituem a escola comum, você atribui àquelas a função de ensinar o que é diferente da base curricular comum e que deveria ser base de sustentação para a aprendizagem daquele currículo. Nesse sentido, não se pode presumir que, primeiro, a escola especial é também um espaço de legitimação da igualdade de oportunidades? Segundo, que alguns alunos apenas nela poderiam estar, ainda que por um dado tempo, em função de demandarem muitas intervenções diferenciadas, para só depois iniciarem a aprendizagem da referida base curricular?

**Maria Teresa:** Penso que as escolas especiais não constituem esse espaço, pois o direito à igualdade não se configura nas situações em que as diferenciações pela deficiência excluem, restringem e

VALÉRIA AMORIM ARANTES (ORG.)

impedem o aluno de ter garantido o acesso ao mesmo ambiente educacional que os demais colegas de sua faixa etária.

Toda preparação escolar antecipada em instituições especializadas tem consequências na formação social e intelectual dos alunos com e sem deficiência e é geradora de questões intermináveis sobre o que é integração – inserção parcial e condicional de alguns alunos nas escolas comuns – e sobre as diferenças entre essa modalidade de inserção e a inclusão escolar – incorporação de todos os alunos na escola comum, sem nenhuma restrição/preparação prévia.

O ensino especial, como é interpretado atualmente, deve ser oferecido concomitantemente às aulas que o aluno com deficiência assiste na sua turma de ensino regular e em horário oposto a este. De fato, o atendimento educacional especializado não terá sentido se for anterior ou posterior à frequência desse aluno às escolas regulares, porque, se oferecido anteriormente, condiciona-o a uma preparação prévia para ter a garantia de um direito que não prevê a restrição e a exclusão escolar como condições anteriores ao acesso ao ensino comum (como é o caso da integração escolar). No caso de ser oferecido posteriormente, o atendimento educacional especializado deixa de ser uma garantia da inclusão escolar de alunos com deficiência e confunde-se com as práticas dos antigos serviços prestados pela educação especial, nos quais se recebem em classes e escolas especiais os alunos com e sem deficiência que não deram conta das exigências das escolas comuns, ferindo o disposto na Constituição Federal e na Convenção da Guatemala.

**Maria Teresa:** A leitura de seu texto nos fornece um quadro situacional da inclusão escolar no Brasil. Uma pergunta: se a inclusão tivesse sido introduzida nas escolas brasileiras por políticas pú-

82

INCLUSÃO ESCOLAR: PONTOS E CONTRAPONTOS

blicas educacionais de aperfeiçoamento do ensino regular para poder acolher todos os alunos, já teríamos avançado mais do que conseguimos no que diz respeito ao entendimento dessa inovação (reconhecimento de seus princípios, valores, práticas etc.) e à função complementar do ensino especial?

Em que sentido, então, o ensino especial, que foi e continua sendo a porta de entrada da inclusão, tem sido um obstáculo à concretização de um projeto escolar brasileiro, incondicionalmente aberto às diferenças e para todos?

**Rosângela:** Penso não ser tarefa possível quantificar os avanços sem qualificar alguns de seus indicadores. Um dos princípios da inclusão escolar é a universalização do acesso, ou seja, é a garantia da educação como um direito de todos. É inegável que o acesso às escolas brasileiras tem se ampliado muito nos últimos anos, sem, contudo, ter atingido o mesmo percentual de expansão para os diferentes níveis de ensino. O progresso nas matrículas do ensino fundamental, bem como nas de alunos com necessidades educacionais especiais, tem sido fruto de investimentos em políticas públicas de educação, gerenciadas em nível de sistemas de ensino. Um outro desafio, de igual importância, é atendermos ao padrão de qualidade do ensino, assegurado constitucionalmente (art. 206). Para isso, há que se investir na definição de tais padrões para o ensino brasileiro e, por mais que certas responsabilidades sejam de competência das escolas, como a elaboração, implantação e constante avaliação da realização de compromissos assumidos em seu projeto pedagógico, seu funcionamento em muito depende das condições asseguradas em nível do sistema de ensino, condições essas que são engendradas por políticas públicas.

83

VALÉRIA AMORIM ARANTES (ORG.)

Assim, compreender inclusão escolar não somente como o acesso à escola, mas como a conquista da educação como direito de todos pressupõe assegurar maior investimento financeiro nessa área, implementar uma plataforma brasileira para a educação, amplamente discutida com a sociedade, e implantar uma política de contínua formação de professores, como exemplos de demandas pela melhoria da sua qualidade. Defendo a construção de um sistema nacional de educação, pela articulação de políticas locais, estaduais e nacionais.

Quanto à porta de entrada dos alunos com necessidades educacionais especiais, há projetos diferenciados sendo implantados pelos sistemas de ensino, particularmente os municipais. Alguns adotam como possibilidade a matrícula efetuada tanto via ensino regular como via ensino especial. Outros têm assumido como diretriz o acesso de todos à educação infantil, podendo diferenciar as trajetórias escolares dos alunos com necessidades educacionais especiais a partir da conclusão desse nível de ensino, momento da escolaridade em que permitem seu encaminhamento para serviços especializados. Isso, novamente, tem sido definido em nível de sistema de ensino pela criação de dispositivos legais oficiais para orientar seus gestores e demais profissionais sobre como proceder matrículas. Ressalte-se, contudo, que evidências de necessidades *educacionais* especiais só podem ser percebidas a partir da frequência das pessoas em escolas, e não *a priori,* por deduções que não aquelas registradas com base em como se processa sua aprendizagem em contexto regular de ensino.

**Maria Teresa:** Do seu ponto de vista, que situações de poder estão em risco, no ensino regular e no especial, quando se propõe

INCLUSÃO ESCOLAR: PONTOS E CONTRAPONTOS

uma transformação das escolas especiais e comuns, visando à inclusão de alunos com deficiência, especificamente? Onde reconhecê-las, implícita e/ou explicitamente, nas nossas políticas públicas de educação?

**Rosângela:** Tenho identificado um forte grau de desconfiança dos profissionais da educação (do ensino comum e do especial) em relação ao cumprimento das atribuições do poder público para assegurar as condições requeridas para a melhoria da qualidade do ensino, com destaque para suprir o exigido durante a escolarização de alguns alunos com necessidades educacionais especiais.

O temor é que se fortaleça o discurso que busca atribuir as responsabilidades pelas mazelas da educação tão somente às escolas e a seus professores e que, com isso, o Estado possa se descomprometer mais e mais com a educação, incitando que soluções sejam buscadas apenas pelas "parcerias" com a sociedade civil ou demais organizações sociais, num reforço à ideia de uma suposta autonomia das escolas. Outra possibilidade refere-se às mudanças nas práticas dos profissionais da educação.

Identifico, ainda, uma herança de trabalho em educação que se pauta predominantemente em ações que não têm respondido às necessidades de nossos alunos: há repetição de práticas pedagógicas, de gestão, de contato com a comunidade, entre outras, sem que seja registrada sua consonância com bons resultados para a educação brasileira. Nesse sentido, tanto nas escolas comuns quanto nos serviços de educação especial, temos de enfrentar o desafio da construção de práticas que respondam ao atendimento de todos os alunos. A evolução do atendimen-

VALÉRIA AMORIM ARANTES (ORG.)

to escolar de alunos com necessidades educacionais especiais nas classes comuns e a mudança do perfil dos ingressantes em escolas especiais exige que sejam avaliados, em nível de sistema de ensino, os resultados alcançados e, mais especificamente, os impactos em sua aprendizagem.

No âmbito das políticas públicas, a cada "nova" proposta governamental deparamos com o incremento de dispositivos legais que nem sempre contribuem para dissipar nossa desconfiança em relação ao projeto nacional para a educação.

Um dos exemplos na legislação é o modelo de financiamento da educação adotado para os últimos anos, o Fundef, que prioriza o ensino fundamental pela assunção da política de não ampliar as verbas para a educação, mas de estabelecer critérios e prioridades para seu uso, e, mais recentemente, o Fundeb, que em sua formulação traduz a educação básica como o atendimento de quatro anos até o final do ensino médio, deixando, mais uma vez, a educação até três anos sem alcance a essa verba. Os desdobramentos dessa política de financiamento da educação afetam diretamente o atendimento de alunos com necessidades educacionais especiais, pois, se a porta de entrada de todos os alunos, de fato, for educação comum, muito se tem de investir nas creches para que possam prover as demandas dessa população, garantindo, no mínimo, profissionais bem formados e capacitados para tal fim, bem como aportes materiais.

**Maria Teresa:** Nesse jogo de perde/ganha de nossas políticas educacionais, em que pontos o ensino especial tem se apegado para manter sua posição conservadora na cena educacional inclusiva? Na sua opinião, como reverteríamos esta atual posição?

INCLUSÃO ESCOLAR: PONTOS E CONTRAPONTOS

**Rosângela:** Nem todas as ações da educação especial podem ser caracterizadas como conservadoras, pois se assim fosse não teríamos já implantadas ações para apoiar a permanência de alunos com necessidades educacionais especiais em classes comuns pela garantia da melhoria da qualidade de ensino para todos, nem o desenvolvimento de referenciais pedagógicos para que suas demandas sejam contempladas e sua aprendizagem seja garantida. Identifico, sim, que o processo de construção de respostas educacionais no ensino regular para o atendimento desses alunos não é compromisso apenas dos professores do ensino comum. Há investimentos daqueles que historicamente atuaram apenas em serviços de educação especial para encontrar caminhos e alcançar bons resultados de aprendizagem com alunos que apresentam necessidades educacionais especiais, quando matriculados em classes comuns. Assim, devemos, no âmbito das instituições de ensino superior e dos sistemas de ensino, incentivar a sistematização e análise de projetos e ações para garantir sua escolarização. Não defendo que sejam depreciadas, indiscriminadamente, as ações levadas a cabo pela educação especial. Considero que essa atitude não contribuiria em nada para avançarmos na direção de garantir educação para todos, com igualdade de condições e oportunidades para a totalidade dos alunos usufruir esse direito. Ressalto a importância de averiguar os patamares de atendimento dos alunos com necessidades educacionais especiais, incluindo dados quantitativos e qualitativos, elaborando instrumentos que afiram a evolução do atendimento dessa população, incluindo informações sobre sua aprendizagem e sua trajetória escolar.

**Maria Teresa:** A formação dos professores toma novos rumos quando se trata de uma preparação profissional para se ensinar

VALÉRIA AMORIM ARANTES (ORG.)

toda uma turma em uma sala de aula de escola comum. Que orientações têm sido fornecidas por documentos oficiais às instituições formadoras, de modo que possam enfrentar esse desafio imposto pela inclusão? E o que há de novo na formação dos professores que atuarão no ensino especial ou, mais especificamente, prestando atendimento educacional especializado? Como formadora de professores do ensino superior, exponha-nos suas ideias a respeito desses dois diferentes casos.

**Rosângela:** Em meu texto resgato algumas das orientações da LDB/96 e de normatizações posteriores e em artigo publicado anteriormente (Prieto, 2003) são explorados outros aspectos relacionados à formação de professores para o atendimento de alunos com necessidades educacionais especiais.

Todavia cumpre destacar que desde o final da década de 1990, mais particularmente, em documentos legais e de outra natureza, vêm sendo incorporadas diretrizes que estabelecem que a formação inicial de todos os professores deva capacitá-los para "atenderem demandas específicas dos alunos com necessidades educacionais especiais" e com "conhecimentos sobre alunos com necessidades educacionais especiais"[17], não sendo mais um tema apenas para as tradicionais "habilitações" em educação especial. É preciso intensificar as mudanças nos cursos de formação para que em todas as disciplinas se privilegie a construção

---

17. Essas formulações podem ser localizadas nos seguintes documentos: Diretrizes Curriculares do Curso de Pedagogia – FórumDir/2003; Resolução CP 1/99 – Institutos Superiores de Educação; Resolução CNE/CP 1/02 – Diretrizes Curriculares para a Formação de Professores da Educação Básica.

INCLUSÃO ESCOLAR: PONTOS E CONTRAPONTOS

de projetos educacionais para atender a todos os alunos. No Brasil, quanto à formação de professores especializados (termo da LDB/96), temos muito a implantar e a implementar. No território nacional temos insuficiência de cursos em instituições de educação superior que formem esses professores; houve desativação de alguns cursos; essa formação, muitas vezes, exige mais tempo de estudo e, inclusive, é inviável financeiramente para muitos de nossos professores, que não contam, salvo exceções, com auxílio dos sistemas de ensino.

Além desses fatores, como estamos nos referindo à formação de professores em âmbito nacional e os parâmetros e informações sobre os cursos não se encontram divulgados, há a necessidade de constituir fóruns de interlocução entre as instituições que estão desenvolvendo programas de formação inicial na perspectiva de certificar professores como especializados e como capacitados (LDB/96) para atuar com os alunos com necessidades educacionais especiais.

No âmbito da formação continuada, saliento que a Seesp/MEC vem desenvolvendo um programa de formação, iniciado com gestores de sistemas municipais de ensino, que demandaria análise de seus diferentes contornos e resultados, pois se trata de uma iniciativa federal que intenta elevar os patamares de implantação de políticas de educação inclusiva.

# PARTE III
# Entre pontos
# e contrapontos

*Maria Teresa Eglér Mantoan*
*Rosângela Gavioli Prieto*
*Valéria Amorim Arantes*

**Valéria:** A primeira pergunta que farei – como não poderia deixar de ser – diz respeito à *igualdade de condições de acesso e permanência na escola* (art. 206, inciso I da Constituição Federal de 1988). Apesar de partirem deste princípio – da universalização do ensino de qualidade como direito de todos –, para discorrer sobre os princípios da inclusão escolar, o fazem sob perspectivas diferentes. De um modo ou de outro, ambas sinalizaram que, apesar dos avanços que o sistema brasileiro teve no que tange à universalização do acesso à educação básica, ainda temos um longo caminho pela frente para fazer valer o princípio da permanência na escola. Tal caminho, entre outras coisas, pressupõe a criação de práticas sociais e educativas que combinem diversidade e igualdade. Acho que seria interessante se vocês descrevessem algumas ações e/ou intervenções realizadas no interior das instituições escolares que ilustrem essa combinação, ou seja, que superam as desigualdades ao mesmo tempo que favoreçem o reconhecimento das diferenças.

**Maria Teresa:** Minhas ações em favor da inclusão escolar em redes brasileiras de ensino público vêm de longa data, ou melhor, desde 1993, quando iniciei esse trabalho em Três Corações (MG).

VALÉRIA AMORIM ARANTES (ORG.)

Concomitantemente, atuava nas escolas municipais de Sorocaba (SP) e Florianópolis (SC), cidades em que as propostas envolveram todas as unidades educacionais. Atualmente estou trabalhando com os professores do ensino regular e do ensino especial da rede municipal de Itajaí ( SC). Tive experiências muito ricas em escolas públicas e particulares de Cachoeira do Sul (RS) e em São Paulo (SP). Ambas provocaram mudanças na organização pedagógica das etapas do nível básico de ensino. Desde 2003 coordeno um projeto de acessibilidade no ensino superior na Unicamp. Acompanho inúmeros outros projetos escolares inclusivos, contribuindo pontualmente para a solução de questões relativas à reformulação curricular, avaliação do aproveitamento dos alunos, formação em serviço de professores e ajustando-os às exigências de um ensino verdadeiramente inclusivo.

Em todos esses projetos, não teria sido possível avançar se não fosse considerada, acima de tudo, a necessidade de assegurar o direito de todos os alunos à educação escolar e de atender às suas especificidades, quando estas são negadas pela educação comum. Por outro lado, é preciso estar atento para que o direito à diferença não inferiorize, não discrimine nem marginalize, não condene aos preconceitos e à segregação alunos com e sem deficiência.

No caso da inclusão do aluno com deficiência, nos níveis de ensino básico e superior, é oferecido, quando necessário, o atendimento educacional especializado. Cabe à escola comum ensinar a esse aluno os conhecimentos acadêmicos e é função do atendimento especializado propiciar-lhe a complementação da sua formação, por meio de conteúdos, tais como Libras, código Braille, orientação e mobilidade, uso de técnicas de comunicação alternativa, português como segunda língua para os alunos surdos e outros, que não são conhecimentos próprios do ensino comum. Os professores comuns e os especializados têm muitas dúvidas sobre o que deverão ensinar a alunos com deficiência. A maioria acha que a inclusão escolar obriga o professor comum a ser especializado e o professor especializado a entender de escola comum!

Mal informados e com receio de que os "alunos incluídos" aumentem seus problemas de ensino e prejudiquem ainda mais as suas turmas, baixando o nível de desempenho e de aprovação dos grupos nas provas – referências fundamentais para se avaliar a qualidade da educação excludente de nossas escolas –, os professores do ensino regular resistem à inclusão. Os professores do ensino especial sentem e fazem o mesmo; eles também têm receio, mas de perder o espaço que conquistaram na educação escolar, seja nas escolas especiais, seja nas comuns.

Para dirimir essas e outras dúvidas cruciais dos professores, caminho para, paulatinamente, provocar esses profissionais, e os demais que compõem as equipes das unidades escolares, a experimentar novas maneiras de planejar e de ministrar as aulas, de avaliar os alunos e de discutir problemas de ensino, vividos no interior de suas escolas e com base em seus projetos pedagógicos e, essencialmente, no que acontece nas salas de aula.

Os professores do ensino regular e especial têm necessidade de rever seus papéis e de atualizar seus conhecimentos e práticas, de modo que todos possam reconhecer e valorizar as diferenças, sem que em nenhum momento tenham de desconhecer o direito indisponível e incondicional de todos os alunos à escola comum. É de acordo com essa maneira de trabalhar que vou enfrentando os problemas e atingindo o que pretendo nas escolas.

VALÉRIA AMORIM ARANTES (ORG.)

**Rosângela:** Mesmo que a solicitação dessa questão nos remeta a focalizar práticas em escolas, é importante ressaltar que essas em muito dependem de normativas legais precisas e orientações claras do sistema de ensino ao qual estão filiadas, bem como sustentação política e financeira.

Quanto às experiências de escolas, o desenvolvimento de pesquisas e a atuação com os sistemas municipais têm evidenciado que práticas democratizantes de gestão escolar têm potencializado as possibilidades de participação dos seus agentes nas próprias instâncias já reconhecidas legalmente (conselho de escola e grêmio estudantil, como exemplos). Isso tem contribuído para a definição de prioridades, orientado a elaboração, implantação e avaliação de projetos pedagógicos e a construção de consensos que conjuguem esforços em direções que não se opõem. Nesse sentido, essas escolas têm objetivado a melhora da qualidade do ensino para toda a sua demanda.

Todavia, os mecanismos instituídos legalmente não podem ser os únicos balizadores das ações dos profissionais da educação. Pode-se (e deve-se) ultrapassá-los, impondo outro ritmo de enfrentamento aos desafios cotidianos nas escolas.

**Valéria:** Acho que vale a pena retomarmos uma questão posta pela Rosângela, quando discorreu sobre as relações entre inclusão e integração escolar: os encaminhamentos (quase sempre inadequados) dos alunos com necessidades especiais. Se admitirmos, tal como afirmou a Rosângela, que, apesar de os princípios da educação inclusiva terem se fortalecido nos últimos anos, na prática o modelo de integração escolar ainda é predominante, é preciso refletir sobre o que, efetivamente, os educadores esperam destes

INCLUSÃO ESCOLAR: PONTOS E CONTRAPONTOS

encaminhamentos e em que medida eles podem significar um entrave para o ensino inclusivo. Por favor, comentem.

**Maria Teresa:** O modelo de inserção parcial e condicional, integração escolar de alunos com deficiência, predomina em nossas escolas, porque os professores e os sistemas de ensino em geral ainda estão organizados em função de um padrão de desempenho, de um nível mínimo de conteúdos curriculares aprendidos, para que o aluno esteja apto a ser promovido nos ciclos ou a passar de uma série para outra em um dado nível de ensino, enfim a ter acesso e permanência nas escolas comuns. O ensino especial, na perspectiva da integração, não complementa, mas substitui o ensino comum para pessoas com deficiência, até que estas estejam "prontas" para o acesso e/ou retorno às salas de aula do ensino regular.

Os professores comuns encaminham alunos com deficiência para o reforço escolar e para a educação especial, porque acreditam que os encaminhamentos referidos (e outros que extrapolam a área educacional) servem para que esses alunos se recuperem e/ou adquiram as condições e preencham os requisitos necessários para estudar com os demais colegas sem deficiência nem dificuldades de aprendizagem em uma mesma turma do ensino regular. Justificam a necessidade desses encaminhamentos como uma saída para evitar a "exclusão na inclusão", expressão utilizada com frequência quando se referem à incapacidade de certos alunos de acompanharem a turma e de permanecerem nas salas de aula apenas para se socializarem...

Encaminhamentos com esses fins precisam ser evitados. A inclusão escolar, ao combatê-los, reafirma a necessidade de ultrapas-

VALÉRIA AMORIM ARANTES (ORG.)

sar a visão compensatória e discriminatória de certos procedimentos educacionais rotineiramente indicados nas escolas comuns e no ensino especializado.

Sempre é bom lembrar que pela Convenção Internacional para Eliminação de Todas as Formas de Discriminação Contra a Pessoa Portadora de Deficiência (Decreto nº 3956/2001) é considerada discriminação toda diferenciação pela deficiência, assim como toda limitação e restrição impostas a essas pessoas. Os encaminhamentos a serviços especializados ou programas compensatórios não podem, portanto, ser efetivados sem a anuência prévia do aluno e de seus pais/responsáveis. A escola comum ignora o que está prescrito nessa Convenção e transige o direito da pessoa com deficiência de gozar de sua liberdade de escolha, abertamente. Nossas leis existem, na maioria das vezes, apenas no papel. A Constituição de 1988 prescreve a inclusão total e incondicional dos alunos, sendo verdadeiramente revolucionária, vanguardista e muito clara ao se pronunciar sobre o direito de todos à educação. Falta-nos zelar para que suas prescrições sejam colocadas em prática, por meio de políticas educacionais que as respeitem e as consolidem nas nossas escolas.

**Rosângela:** Ainda é muito forte na cultura educacional a orientação das atitudes se pautar pela defesa de que direitos são extensivos a alguns e que, portanto, outros devem ter suas vidas condicionadas a ordenações de outra natureza. Assim, não é raro que profissionais da educação admitam o acesso à escola de somente uma parcela daqueles denominados alunos com necessidades educacionais especiais, aqueles cujas características, particularmente as de ajustamento social e de aprendizagem, se adaptem aos ditames normativos e correspondam às suas expectativas pedagógicas. Dessa forma, não é raro serem implantadas formas de atendimento educacional especializado cuja finalidade é desrespeitada. Os mecanismos de exclusão da e na classe comum podem se tornar cada vez mais sutis, bem como haver o aprimoramento de justificativas para encaminhamentos de alunos para atendimento educacional especializado.

Assim, os sistemas de ensino, ao proporem políticas de inclusão escolar na perspectiva de que a demanda com necessidades educacionais especiais seja atendida nas classes comuns, devem considerar a dupla função que os serviços de apoio podem assumir: de um lado serem imprescindíveis à escolarização de alguns alunos, aqueles que evidenciam necessidades não saciadas apenas com as intervenções em classe junto aos demais alunos; de outro, servirem para legitimação de exclusões da classe comum. É preciso, portanto, constante acompanhamento e avaliação das ações do sistema de ensino para que sejam identificadas as inadequações e corrigidos os percursos da política de atendimento a esse alunado.

**Valéria:** Gostaria que vocês falassem mais detalhadamente sobre como deve ser a relação entre o atendimento educacional especializado e a escola regular.

**Maria Teresa:** A relação entre a escola regular e o atendimento educacional especializado deve respeitar os limites de atuação e as funções e responsabilidades de seus professores. Há que se evitar o que é muito comum atualmente: a invasão do professor especializado na rotina e nas práticas de sala de aula comum e a de-

VALÉRIA AMORIM ARANTES (ORG.)

pendência do professor dessa sala, que acaba por abandonar suas responsabilidades com relação ao aluno com deficiência, deixando-o nas mãos do colega especializado. Existem professores especializados que chegam a interferir no andamento de toda a turma, "orientando" o colega no desenvolvimento de suas aulas e na avaliação do aproveitamento escolar do aluno.

É absolutamente necessário que o professor especializado se atenha à sua função complementar, oferecendo ao aluno com deficiência instrumentos que lhe deem condições de ultrapassar as barreiras que sua deficiência pode impor à construção de conhecimentos curriculares nas turmas regulares. Por outro lado, o professor do ensino comum tem de assumir a tarefa de ensinar a turma toda, inclusive o aluno com deficiência. Na sala de aula comum ele é um aluno como os demais, com direito a aprender, segundo sua capacidade, interesses, curiosidade, desejos.

Essa relação de respeito mútuo às tarefas específicas de cada um não descarta uma estreita aproximação entre os professores comuns e especializados, que devem se propor a atender os alunos que lhes são comuns, integrando suas ações, trocando informações, impressões, discutindo seus procedimentos pedagógicos, os pontos críticos e os progressos desses educandos, sempre que for preciso.

**Rosângela:** Retomando experiências de trabalho com os sistemas municipais de ensino que têm um conjunto de serviços educacionais especiais dirigidos à rede de escolas, podem-se identificar pelo menos três formas de efetivação da referida relação. Uma em que o profissional (ou os profissionais) responsável pelo atendimento educacional especializado se coloca a serviço dos alunos

INCLUSÃO ESCOLAR: PONTOS E CONTRAPONTOS

com necessidades educacionais especiais; outra em que esse profissional atua com esses alunos, na intenção de atender suas necessidades educacionais, mas intervém na dinâmica da escola, buscando atentar para os aspectos que podem beneficiar ou não a permanência desse alunado nas classes comuns; e uma terceira em que organiza suas ações para que mais e mais a escola possa tornar-se autônoma e propositora de alternativas que garantam a aprendizagem de todos os alunos. O que se tem recomendado é a atuação na direção do deslocamento para essa terceira forma, sempre que sejam localizadas condições imediatas para isso; ou que haja um comprometimento nesse sentido a médio prazo.

**Valéria:** Frequentemente ouvimos os/as professores/as argumentando que não foram preparados para promover o ensino inclusivo. Com esse argumento resistem ao movimento inclusivo e se distanciam, cada vez mais, dos seus princípios. Considerando todo descompromisso do poder público com a formação de professores visando ao atendimento de alunos com necessidades educacionais especiais, que tipos de ações podem e devem ser promovidas para que estes profissionais reconheçam a diversidade como favorecedora da aprendizagem? Em outras palavras, para que eles construam a inclusão como um valor?

**Maria Teresa:** O ensino especial carece de profissionais qualificados para realizar nas escolas comuns e nas instituições de ensino especial o atendimento educacional especializado, conforme é concebido atualmente o ensino especial. Eles foram e infelizmente continuam sendo formados para substituir o ensino comum, em escolas especiais e em classes e serviços da educação especial.

VALÉRIA AMORIM ARANTES (ORG.)

Eles ainda são preparados para ensinar os conteúdos acadêmicos para alunos com deficiência, em ambientes escolares segregados, que desrespeitam o direito de todos à educação comum. E o que mais surpreende é o fato de que na maioria das escolas especiais os professores não são especializados!

Penso que já passou da hora de revermos a formação inicial dos professores especializados, de modo que possam garantir a inclusão escolar de alunos com deficiência na escola comum, preparando-se para dispensar a esses aprendizes o atendimento educacional especializado. É urgente e imprescindível que o poder público se mobilize, criando condições para que esses profissionais se tornem capazes para esse trabalho a curto e a médio prazos. O ideal seria utilizar os recursos do ensino a distância para formar emergencialmente professores, em todo o Brasil, no atendimento às deficiências sensoriais, físicas e intelectuais em nível de extensão e, ao mesmo tempo, organizar cursos de pós-graduação para assegurar uma formação mais adequada à importância da atividade exercida por esses professores. Enquanto essas ações não acontecem efetivamente, os profissionais, já habilitados, têm de atualizar-se, para entender e realizar o novo enfoque complementar do ensino especializado.

Infelizmente estão se expandindo os cursos livres, de extensão e até mesmo de especialização *lato sensu* em "Educação Inclusiva". Em vez de serem lançados novos cursos para preparar professores especializados para o atendimento educacional especializado, estão se propagando por toda parte cursos que se destinam aos professores comuns, para que aprendam a ensinar alunos com deficiência, incluídos em salas de aula comuns do ensino regular!

# INCLUSÃO ESCOLAR: PONTOS E CONTRAPONTOS

**Rosângela:** No âmbito das instituições de ensino superior, a formação inicial deve, no mínimo, assegurar aos futuros profissionais: domínio teórico para sustentar ações compromissadas com a construção de outras bases sociais, aquelas em que, ao menos, a desigualdade não possa ser justificada sob nenhuma condição; e conhecimentos para elaborar propostas de enfrentamento à realidade escolar brasileira, marcada por tantos desajustes que exigem dos profissionais a definição do que defendem enquanto papel social da educação escolar e, com isso, quais princípios devem reger suas ações. Não é possível, por exemplo, um profissional manifestar-se pela igualdade de direitos e prevê-los particularmente para alguns.

No âmbito da formação dos profissionais já engajados em sistemas de ensino, é preciso ultrapassar o que vem sendo promovido, ou seja, a realização de encontros formativos que se encerram na mera defesa da educação como direito de todos, ou que informam os princípios filosóficos e políticos da inclusão escolar e suas prerrogativas legais. É preciso promover sua continuidade, com aprofundamento das reflexões e da formulação de proposições para construir alternativas de escolarização para todos. As normativas e os projetos dos sistemas de ensino devem prever, entre outras mudanças, jornadas de trabalho em que os profissionais tenham condições de se dedicar a projetos, estudos, construção de outras alternativas educacionais, acompanhamento de suas ações, retomadas. A dupla (ou tripla) jornada de trabalho dos profissionais da educação, particularmente dos professores, precisa ser veementemente combatida. Isso requer mais recursos para a educação, com salários que assegurem, entre outras condições, ter vínculo empregatício com apenas uma escola e com isso manter vida digna.